D1753349

Eine literarische Reise entlang der

DONAU

Dietmar H. Herzog

Eine literarische Reise entlang der

DONAU

über
Donaueschingen
Ulm
Regensburg
Passau
Wien
Bratislava
Budapest
Vukovar
Novi Sad
nach
Drobeta-Turnu Severin

Verlag Klemm+Oelschläger

Umschlagabbildung: Die Donau in Ulm/Deutschland
Frontispiz: Die Donau bei Passau/Deutschland

Impressum

Bibliografische Information der Deutschen Nationalbibliothek
Die Deutsche Nationalbibliothek verzeichnet diese Publikation in der Deutschen Nationalbibliografie;
detaillierte bibliografische Daten sind im Internet über http://dnb.d-nb.de abrufbar.

1. Auflage Mai 2014
© 2014 by Dietmar H. Herzog und Verlag Klemm+Oelschläger

Konzept, Fotografien, Texte, Layout: Dietmar H. Herzog
Lektorat: Dagmar Kloske
Druck: Digitaldruck leibi.de

Alle Rechte liegen vorbehalten beim Künstler: Dietmar H. Herzog.
Dieses Werk, einschließlich aller seiner Teile, ist urheberrechtlich geschützt.
Jede Verwertung außerhalb des Urheberrechtsgesetzes ist ohne Zustimmung
von Dietmar H. Herzog und des Verlages unzulässig und strafbar.
Das gilt insbesondere für Vervielfältigungen, Übersetzungen, Mikroverfilmungen
und die Einspeicherung und Verarbeitung durch elektronische Systeme.

ISBN 978-3-86281-012-3

Inhalt

6	Grußwort der Oberbürgermeister von Ulm und Neu-Ulm Ivo Gönner und Gerold Noerenberg
7	Lesekompass
8	Der Impuls
9	Reisebeginn
10	Übersicht des gesamten Donauverlaufs
11-13	Die Donau hat viele Namen und viele Gesichter
14-75	Die Donau durch Deutschland Station 1 Donaueschingen/Deutschland bis Station 26 Obernzell bei Passau/Deutschland
76-107	Die Donau durch Österreich Station 27 Inzell/Österreich bis Station 41 Hainburg/Österreich
108-111	Die Donau durch die Slowakei Station 41a Bratislava/Slowakei
112-133	Die Donau durch Ungarn Station 42 Budapest/Ungarn bis Station 50 Mohács/Ungarn
134-137	Die Donau durch Kroatien Station 51 Ilok/Kroatien
138-161	Die Donau durch Serbien Station 52 Banoštor bei Novi Sad/Serbien bis Station 61 Sip/Serbien
162-167	Die Donau durch Rumänien Station 62 Drobeta-Turnu Severin/Rumänien
168	Geschafft
169	Im Dialog
170	Ausklang von Peter Langer
171	Letzte Impression: Mensch und Donau

Grußwort

„Donau so blau…Dein silbernes Band knüpft Land an Land und fröhliche Herzen schlagen an deinem schönen Strand" - so beginnt der bekannte Strauß-Walzer „An der schönen blauen Donau". Der Liedtext stammt aus der Feder Franz von Gernerths, der darin nicht nur die Schönheit der Donau pries, sondern bereits das Potential der Donau als Vermittlerin und Verbindungsstelle zwischen den verschiedenen Ländern, Städten und Kulturen an ihren Ufern erkannte. Um dieses Potential der Donau fruchtbar zu machen, findet in Ulm und Neu-Ulm seit 1998 alle zwei Jahre das Internationale Donaufest statt, das in besonderer Weise zu einem interkulturellen Austausch zwischen den Donauländern beiträgt. Eine bunte Vielfalt an künstlerischen, kulinarischen und gesellschaftspolitischen Veranstaltungen festigt und feiert die internationalen Donaupartnerschaften und unterstreicht den Begegnungscharakter des Festivals.

Mit seinem Foto- und Lyrikband „Eine literarische Reise entlang der Donau" trägt auch Dietmar Herzog auf einzigartige Weise dazu bei, die Donau als Verknüpfung verschiedener Lebensstile, Sprachen und Traditionen wahrzunehmen und Gemeinsamkeiten zu entdecken.
Auf seiner 2000 km langen Reise mit dem Fahrrad entlang der Donau von Donaueschingen bis nach Drobeta-Turnu Severin in Rumänien sind mehr als 60 Texte und über 700 Fotografien entstanden, die Sinne und Seele gleichermaßen berühren und die Vielfalt der Donauländer aus einer neuen Perspektive betrachten. Ein Kunstprojekt zur Donau, das Ulm und Neu-Ulm zum Ausgangspunkt einer sehr persönlichen Donaureise des Ulmer Künstlers werden lässt.

Ivo Gönner
Oberbürgermeister Stadt Ulm

Gerold Noerenberg
Oberbürgermeister Stadt Neu-Ulm

Lesekompass

Sehr geehrte Leserin, sehr geehrter Leser,
mit diesem Lesekompass, möchte ich Ihnen einige Vorinformationen mit auf die Reise durch dieses Buch geben.

Meine Reise von Donaueschingen bis nach Drobeta-Turnu Severin in Rumänien unternahm ich in den Sommermonaten August 2010 und 2011.
Die mit dem Fahrrad zurückgelegte Gesamtstrecke betrug 2071 Kilometer. Im Durchschnitt fuhr ich täglich 100 Kilometer mit meinem Tourenrad und war für das erste 1000 Kilometer lange Teilstück von Donaueschingen bis nach Bratislava/Slowakei zehn Tage unterwegs. Genau so lange brauchte ich auch für das zweite Teilstück von Bratislava nach Drobeta-Turnu Severin/Rumänien.
Circa alle 30 Kilometer legte ich eine kurze Ruhepause ein. Im Buch wird diese Fahrtunterbrechung mit *Station* bezeichnet. Die gesamte Reise gliedert sich somit in 63 Stationen. An jeder Station entstand ein Gedicht oder Prosatext und eine Abfolge von meist zehn Einzelfotografien, die ich im Buch *Panorama* nenne. Die *Überblendungen* sind digitale Bearbeitungen mit vier ausgewählten Einzelfotografien einer Station, zu einem Gesamtfoto komponiert.
Die Fotografien im Buch lichten nicht die uns schon bekannten architektonischen oder landschaftlichen Höhepunkte entlang der Donau ab, sondern stellen die schon erwähnten Stationen in den Mittelpunkt.
Der Prolog und der Epilog entstanden nach der Reise.
Das Buch ist erwartungsgemäß chronologisch aufgebaut und folgt dabei dem Lauf der Donau durch sieben Länder bis ans *Eiserne Tor* (Drobeta-Turnu Severin/Rumänien). Die gängige Kilometrierung der Donau habe ich nicht übernommen. Ich orientierte mich an der Angabe meines Kilometerzählers. Mein Schwerpunkt lag auf dem Unterwegssein, darauf, sich auf den Weg zu machen, und nicht auf den Besichtigungen kultureller Sehenswürdigkeiten, welcher Art auch immer. Die Texte beziehen sich aufs Reisen mit dem Fahrrad oder sind im Dialog mit der Donau entstanden, die ich als treue Begleiterin während der gesamten Wegstrecke betrachtet und angesprochen habe.

Und nun lassen Sie sich von „unserer" Donau mit Bild und Wort einfangen, über 2000 Kilometer durch sieben Länder hindurch.

Ihr
Dietmar H. Herzog

Ulm, Mai 2014

Der Impuls

Am Anfang war die Sehnsucht. Die Sehnsucht, für eine gewisse Zeit unerreichbar zu sein. Den anderen einfach ein Schnippchen schlagen, unterwegs sein, nicht greifbar, einfach nicht zu stellen. Kein Telefon, das mich schon am Frühstückstisch aufschreckt und ermahnt, endlich den Arbeitsalltag aufzunehmen. Kein Postbote, der zielsicher meinen Briefkastendeckel nach unten schnellen lässt, um auf die heute besonders wichtige Post aufmerksam zu machen, und auch keine Inflation von E-Mails, die wie Peitschenhiebe über den Bildschirm zucken.

Das war Motivation genug, um solch ein Vorhaben zu planen und durchzuführen. Unterwegs sein, ein Ziel vor Augen, mit einer geplanten und wohl überlegten Route im Gepäck. Die tyrannischen Tageszeiten und lästigen alltäglichen Termine ausgesperrt, denn einen geregelten Tagesrhythmus würde es während dieser Reise nicht mehr geben. Stattdessen aufstehen, wenn der Schlaf sich verabschiedet, Nahrung zuführen, wenn sich eine Gelegenheit bietet, Ruhepausen, nur wenn der Körper sie fordert, und reden, nur wenn es etwas wirklich Wichtiges zu reden gibt.

Was ich hier schildere, ist keine Beschreibung einer paradiesischen Szene. Nein, es umschreibt den Wunsch eines Menschen, der die Chance wittert, durch einen radikalen Rückzug seiner inneren Stimme wieder mehr Gehör zu verschaffen.
Und schließlich ist es die Geschichte eines Menschen, der sich diesen lange gehegten Wunsch erfüllt hat. Den Wunsch, wieder sich selbst zu sein, sich selbst zu spüren und nur für sich selbst entscheiden zu müssen. Eben die Verantwortlichkeiten des alltäglichen Lebens um ihre Fremdbestimmung zu bringen und stattdessen sich selbst wieder ins Zentrum zu setzen, der Spur zu folgen, die man Wünsche und Träume nennt.

Und so wie es die Sehnsucht nach dem Meer, vielleicht auch die unlöschbare Sehnsucht nach den Sternen gibt, hat auch die Sehnsucht, einfach alles und vielleicht auch sich selbst hinter sich zu lassen, ihre Berechtigung, gestillt zu werden.

Aus diesem drängenden Impuls heraus entschied ich mich in den Jahren 2010 und 2011, die Donau von ihrem Ursprung bis ans Eiserne Tor in Rumänien mit dem Fahrrad zu begleiten.

Reisebeginn

Es kam die Zeit der Vorbereitung auf die Reise mit allem, was dazugehört. Es war auch die Zeit der Ruhe und Besonnenheit. Diesen Zeitabschnitt habe ich als sehr leicht, fast beschwingt in Erinnerung. Es waren wohl die Vorfreude und die Genugtuung, den Entschluss überhaupt gefasst zu haben. Natürlich gab es viele „Wenn und Aber" und jede Menge Fragen. Aber an der ersten Station am Donauufer wurde mir klar: Es wird immer viele Fragen geben, die mich davon abhalten könnten, endlich mit dem Schreiben anzufangen, um dem „Projekt- Donau" ein schriftliches und auch fotografisches Gesicht zu geben. Ich wollte mir aber die Zeit, um alle diese Fragen zu beantworten, nicht mehr geben. Ich hatte mich entschieden zu reisen und zu schreiben, reinzuspringen, nicht in die Donau, sondern in das Projekt.

Ich hatte mich befreit.

Schon am ersten Tag zeigte sich, dass es vernünftig wäre, alle 25 Kilometer eine kleine Rast einzulegen. Zwischen diesen Fahrtunterbrechungen, später *Stationen* genannt, wäre genug Zeit, um einen ersten Gedanken im Kopf festhalten und ihn dann mit einem „schnellen" Schreibgerät während der Rast aufs Papier zu bringen. Diese Überlegungen gingen auf. Die ersten Begriffe fielen wie Sterne vom Himmel. Ich musste sie nur auffangen, ihnen Raum geben. Es war wie ein kleines Wunder. Natürlich musste auch der Ort des Geschehens Zeuge bleiben. Also habe ich ihn, einem Panoramabild entsprechend, fotografisch festgehalten. Immer rundherum – auf einem Horizont, in acht oder zehn Bildern.

Gesamter Verlauf der Donau von Ihrem Ursprung in Deutschland,
durch Österreich, die Slowakei, Ungarn, Kroatien, Serbien, Bulgarien,
Rumänien, Moldawien und die Ukraine
bis zu ihrer Mündung ins Schwarze Meer – 2880 km

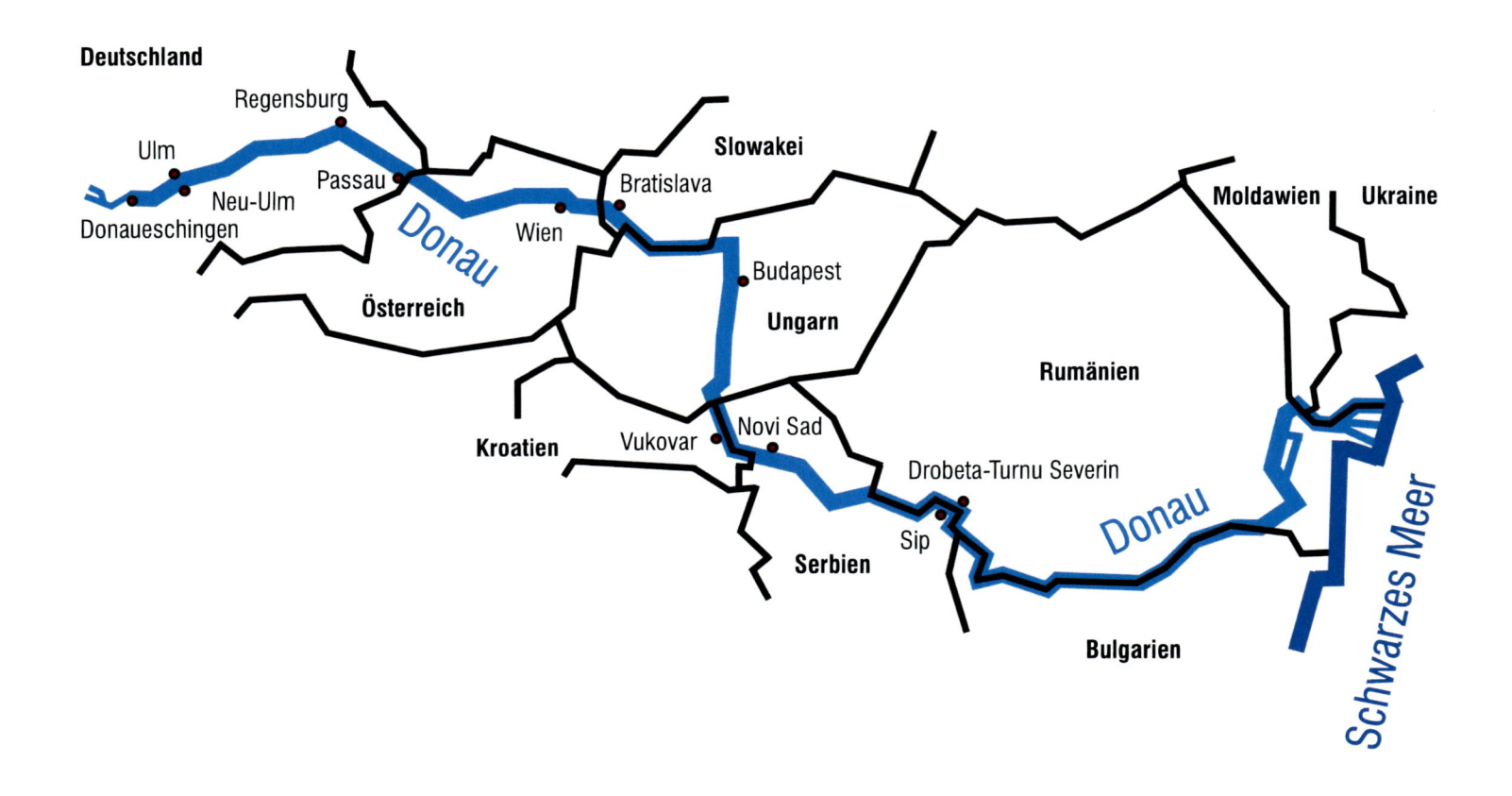

Die Donau hat viele Namen und viele Gesichter

Die Donau trägt in den nicht deutschsprachigen Ländern andere Namen. So heißt sie in der Slowakei und der Ukraine *Dunaj*, in Ungarn *Duna*, in Kroatien, Serbien und Bulgarien wird sie *Dunav* genannt und in Rumänien heißt sie *Dunărea*.
Die Donau ist, wie die meisten Flüsse im deutschen Sprachraum, weiblich. Ihre verschiedenen Namen leiten sich von Danuvius, dem Namen eines keltischen Flussgottes ab, gehen aber auf noch ältere Wurzeln zurück. *Donau* ist möglicherweise auch iranischen oder keltischen Ursprungs. Der Name könnte von den iranischsprachigen Skythen und Sarmaten wie auch von den Kelten Osteuropas herkommen. Eine genaue sprachliche Zuordnung ist schwierig, da sowohl die keltischen als auch die iranischen Sprachen indogermanische Sprachen sind und dort das Wort „Fluss" *Danu* heißt und beide Volksstämme bis an die Donau vordrangen. [1]

Und doch ist sie für uns Menschen ein und derselbe Fluss, der durch das mittlere Europa über 2800 Kilometer von West nach Südost bis ins Schwarze Meer fließt. Die Donau ist nach der Wolga der zweitlängste Fluss in Europa. Sie führt ihren Namen ab der Vereinigung der beiden Quellflüsse Brigach und Breg, die beide im Mittleren Schwarzwald, westlich von Donaueschingen, entspringen.
In Donaueschingen ist ihre offizielle Quellfassung und von dort führt ihr Weg über 620 Kilometer durch Deutschland, vorbei an Ulm, durch Regensburg, ihren nördlichsten Punkt, durch Passau und weitere 30 Kilometer als gemeinsamer Grenzfluss zwischen Deutschland und Österreich.
Über 360 Kilometer strömt die Donau im Anschluss durch das österreichische Alpenvorland, durch Linz, vorbei an Melk und durch das Wiener Becken bis Hainburg.
Die Donau verlässt dann Österreich, um über Bratislava nach nur 50 Kilometern wiederum die Slowakei zu verlassen. Auf dem anschließenden Teilstück ist die Donau bis Esztergom auf circa 60 Kilometern Grenzfluss zwischen der Slowakei und Ungarn.
Mit einer Länge von über 250 Kilometern durchschneidet die Donau im Anschluss das südwestliche Ungarn, um in Kroatien für circa 140 Kilometer als gemeinsame Grenze mit Serbien ihre Reise fortzusetzen.
Es folgen 390 Kilometer durch Serbien, davon etwa 140 Kilometer als gemeinsamer Grenzfluss mit Rumänien.
50 Kilometer bevor die Donau Serbien verlässt, am Eisernen Tor bei Drobeta-Turnu Severin, beendete ich meine Fahrradreise.

Im weiteren Verlauf ist die Donau für über 480 Kilometer Grenzfluss zwischen Rumänien und Bulgarien. Es folgen weitere 220 Kilometer durch Rumänien bis zur Grenze von Moldawien. Keine 500 Meter verläuft die Donau entlang der rumänisch-moldawischen Grenze, dann markiert sie für weitere 50 Kilometer die Grenze zwischen der Ukraine und Rumänien. Nur noch etwas über 70 Kilometer, dann verliert sich ihre Spur im Schwarzen Meer.

Die Donau hat viele Namen, ist über 1000 Kilometer Grenzfluss zehn verschiedener benachbarter Länder und ist doch immer nur dieser eine riesige, unverwechselbare Strom, der wie kein anderer das Abendland mit dem Orient verbindet.

Der gesamte Verlauf der Donau wird geographisch in drei Teilabschnitte unterteilt: zunächst in den Oberlauf, von Donaueschingen bis Hainburg in Österreich mit fast 1000 Kilometern, dann in den Mittellauf, knapp 950 Kilometer von Hainburg bis Drobeta-Turnu Severin am Eisernen Tor in Rumänien. Das letzte Teilstück, etwa 940 Kilometer bis zum Donaudelta, wird als Unterlauf bezeichnet.

Im Zuge der noch andauernden Kollision der afrikanischen und eurasischen Kontinentalplatten, bei der auch die Alpen und die Karpaten entstanden, ergaben sich vor zwölf Millionen Jahren Randmeere und riesige brackige Seen, unsere heutigen Tiefebenen und Randsenken entlang der Donau. Vor sieben Millionen Jahren begann sich der Vorläufer der Donau zu formen. Frühe Verbindungen zur heutigen Rhône und dem Rhein wurden durch die Bildung weiterer Mittelgebirge und die Anhebung des Donauoberlaufs schließlich unterbrochen. Dagegen verlängert sich das Donausystem heute noch durch die angeschwemmten Ablagerungen der Donau ins Schwarze Meer. So steht der Leuchtturm von Sulina, der ehemals die Null-Marke der Kilometrierung darstellte, nun mehrere Kilometer im heutigen Binnenland.

Die völkergeschichtliche Entwicklung des Donauraumes begann im siebten Jahrhundert vor Christus mit den Griechen, die über das Schwarze Meer den Unterlauf der heutigen Donau bis Drobeta-Turnu Severin erkundeten. Sie nannten den Unterlauf *Hister*, der Oberlauf blieb aufgrund der Katarakte und Untiefen unerkundet. Später benannten die Römer die untere Hälfte der Donau *Ister* und den oberen Teil *Danuvius*. [2]

Für die Römer war die gesamte Donau zunächst eine Grenze zu den Völkern des Nordens und vom ersten bis zum vierten Jahrhundert die östliche Grenze des Römischen Reiches. Erst durch den Bau der Trajanbrücke bei Drobeta-Turnu Severin, einem der ersten Brückenbauwerke über die Donau und die längste Brücke des römischen Reiches überhaupt, gelang es dem Römischen Imperium den Lebensraum nördlich der Donau zu kontrollieren. Seit dieser Zeit ist die Donau immer wieder eine Art geografischer Kompass für Völkerwanderungen und Feldzüge aus den östlich gelegenen Regionen in Richtung Mitteleuropa. Die Donau war dabei nicht nur militärische und kommerzielle Hauptschlagader, sondern auch politische, kulturelle und religiöse Grenze zwischen dem Morgen- und dem Abendland.

Aber genau diese Vielfalt macht das Donaugebiet so interessant und abwechslungsreich. Begibt man sich auf die Reise entlang dieses „Stroms der Grenzen", so atmet der Reisende auf jedem Kilometer diese bewegte Geschichte ein, besonders, wenn man ein so langsames und einfaches Gefährt wie ein Fahrrad wählt und täglich seinen Standort wechselt. Die traditionellen, sehr unterschiedlichen Lebensumstände der Menschen, die erhaltenen Sagen (Ovid) und Legenden bis hin zur modernen Literatur (Péter Esterházy) oder auch die typische, einzigartige Musik (Gypsy, Walzer) geben Zeugnis dieser kulturellen Vielfalt. Wir Westeuropäer sind dazu verpflichtet, diese einmalige Kulturvielfalt ebenso wie die artenreiche Flora und Fauna zu schützen und zu erhalten.

Eine große Anzahl von bedeutenden Nationalparks und Biosphärenreservaten versucht für die Tiere, Pflanzen und letztendlich auch für uns Menschen Schutzräume zu schaffen. Diese Anstrengungen werden jedoch aus ökonomisch gerechtfertigten Zwängen wie dem Bau von über zwanzig Staustufen für die Schifffahrt oder dem Bau von Wasserkraftwerken zur Energiegewinnung wieder relativiert.
Der Nationalpark Donau-Auen muss an dieser Stelle besonderes hervorgehoben werden, denn der Entstehung dieser besonders schützenswerten Landschaft ging ein vorbildliches Bürgermanagement voraus. „Der Nationalpark Donau-Auen wurde nicht durch die Regierung Österreichs initiiert, sondern 1983/1984 durch Bürgerproteste vor dem beabsichtigten Bau eines Donaukraftwerks gerettet, der die Auen zerstört hätte. Dabei kam es im Dezember 1984 zur spektakulären Besetzung der Hainburger Au durch mehrere tausend Menschen und einem von über 350.000 Menschen unterzeichneten Volksbegehren. Diese Bürgerbewegung gilt als die Geburtsstunde der österreichischen Partei der Grünen.
1996 wurden die Auen zum Nationalpark erklärt." [3]

[1], [3] Donau, Wikipedia   [2]   Die Donau, Hedwig Heger, WBG, 2008

Station 1 – 0 km – Donauquellfassung Donaueschingen/Deutschland
bis
Station 26 – 616 km – Obernzell bei Passau/Deutschland

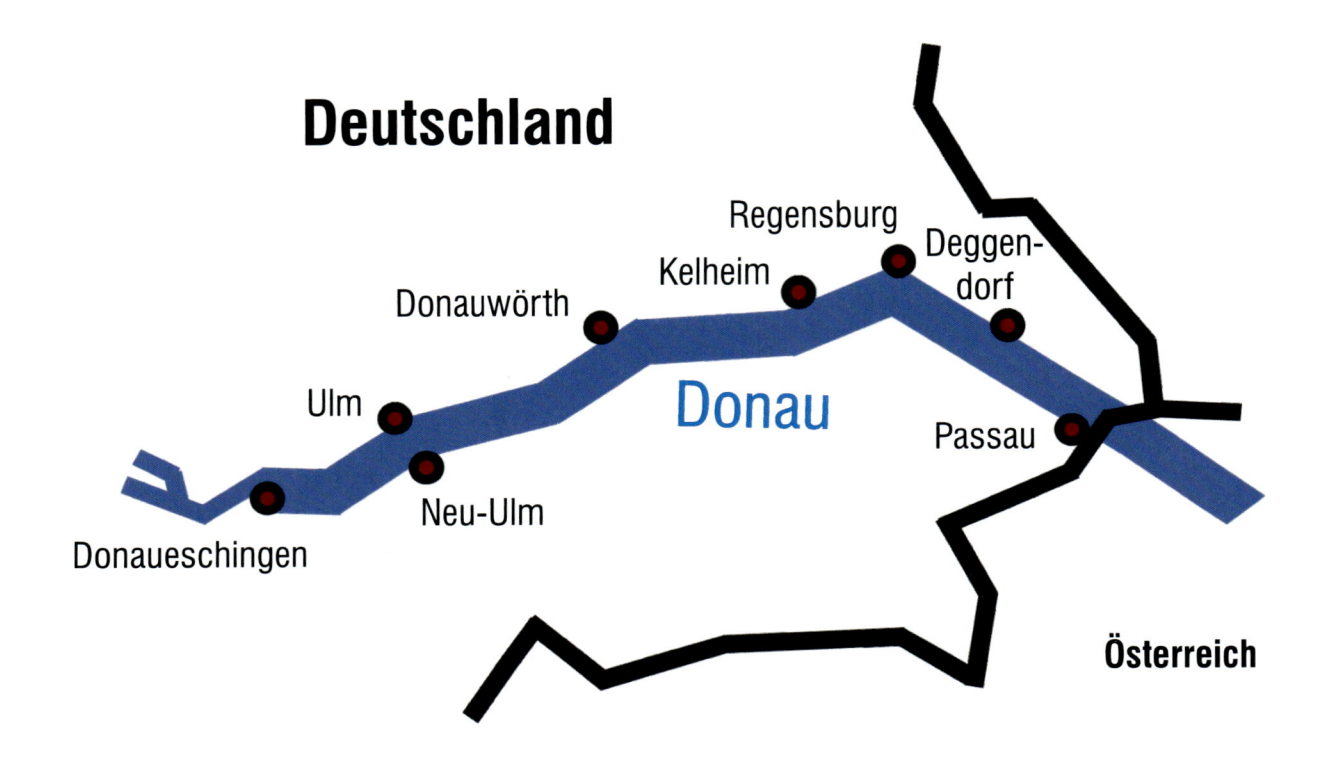

Deutschland

Deutschland

Regensburg
Kelheim
Deggendorf
Donauwörth
Ulm
Donau
Passau
Neu-Ulm
Donaueschingen

Österreich

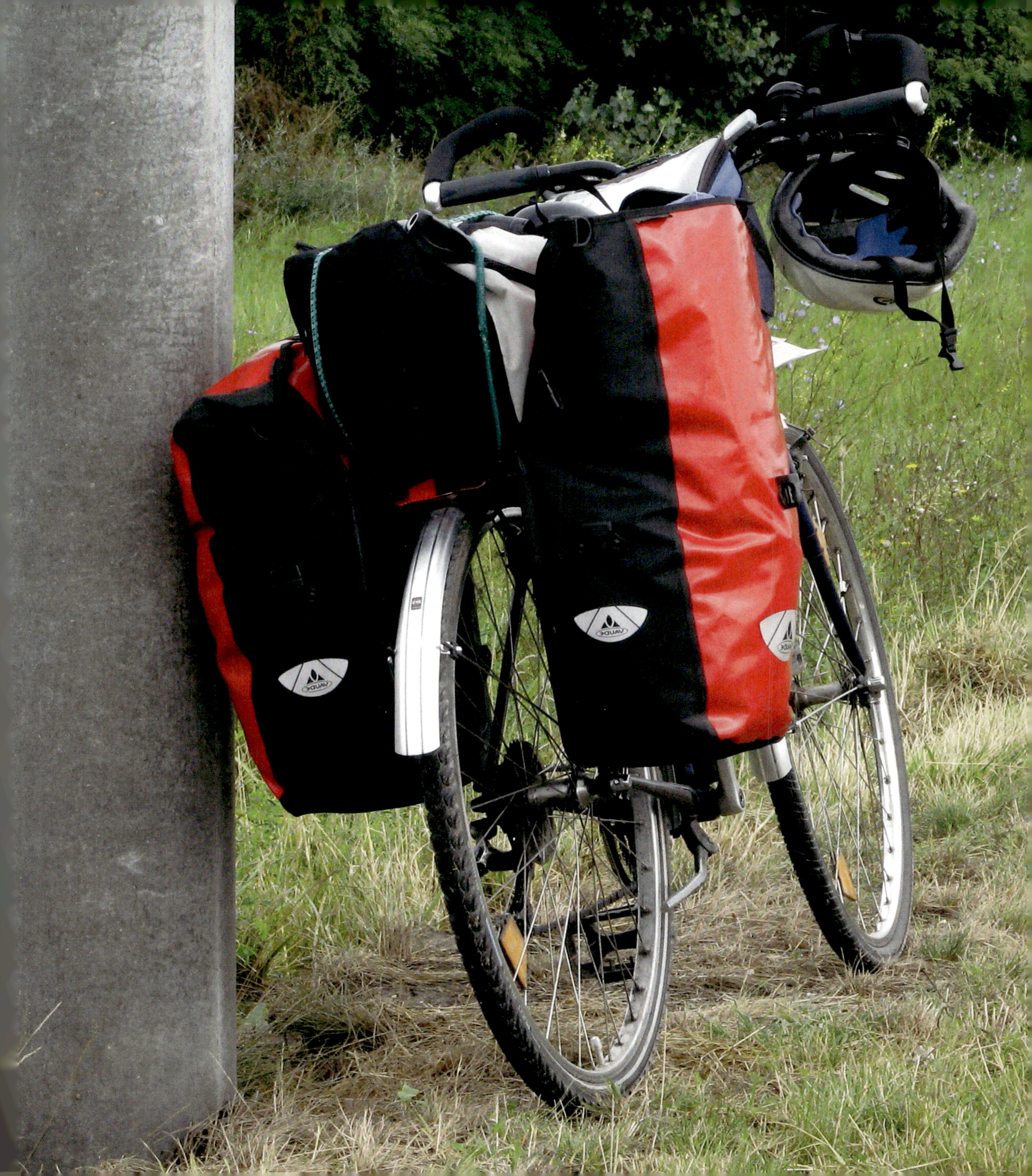

Station 1 – 0 km – Donauquellfassung Donaueschingen/Deutschland

Station 1 – 0 km – Donauquellfassung Donaueschingen/Deutschland

Ach, wenn ich doch Flügel hätt'

Ach -
wenn ich doch Flügel hätt'
Ganz weit machen würd' ich mich
mit viel Auftrieb für den Wind
Um den Ort zu erreichen
den man als große Sehnsucht kennt

Jedoch -
jetzt will ich's nicht sofort
Es liegt so viel noch vor mir
das ich durch-leb-fahren muss
Um den Ort zu erreichen
den man Endlichkeit nennt

Denn -
ich spüre und ahn' es genau
Noch weiß ich nichts von dem
was ich er-denk-fahren muss
Auf dass der Geist den Platz einnehme
der ihm allein gebührt

Station 1 – 0 km – Donauquellfassung Donaueschingen/Deutschland

Schreiben

Ein zuverlässiges Schreibgerät zur Hand
und Haufen unbeschriebener Papiere
Bald ist ihre Zeit gekommen

Eiliges Schreibgerät jetzt wird es ernst
deutlich sichtbar schwarz auf weiß
Ein Haufen flüchtiger Gedanken

Mein ruhendes Schreibgerät ist Zeuge,
Papiere wohl geordnet an sicherer Stelle
Für mich zur freien Verfügung

Station 2 – 6 km – Pfohren bei Donaueschingen/Deutschland

Blätter erzählen

Einsam liegen wir nun da, mit unserer sonnenverbrannten Seite nach oben in Richtung Himmel. Vorbei sind die Monate, als es um uns herum noch grün und saftig war, als die Kinder unter uns Ball spielten und die Verliebten eng aneinander geschmiegt zu uns nach oben träumten.

Wir sehnen uns nach dieser warmen Sommerzeit zurück, als die Menschen noch laut lachten, sich zuprosteten und alles um uns herum vor Hitze flirrte und vor Geschrei bebte. Wir liebten diese goldene Jahreszeit, als alles um uns herum noch zu uns hinaufblickte und unter uns den Schatten suchte. Man stelle sich nur vor, sogar gegossen wurden wir! Wir sollten nicht eingehen, vor unserer Zeit!

Und die scheint gekommen zu sein. Die Zeit des Fallens, des Auf-der-Erde-Liegens, die Zeit des Auf-uns-Herumtrampelns, des Fortkickens und die Zeit des Raschelns. Es ist diese unsägliche Zeit, die uns an das Klappern von Knochen und an das Forträumen von lästigem Unrat erinnert. Wir hassen alle diese Geräusche, zu denen wir fähig sind – einmal im Jahr. Denn wir werden daran erinnert, dass unsere Zeit gekommen ist, Abschied zu nehmen von unserer gütigen Mutter, der Erde, die selbstlos alles verschenkte, was ihr möglich war.

Und was bleibt? Nicht sehr viel!

Es ist die Hoffnung in dieser Zeit des Vergehens und Sterbens von warmen Frauenhänden erhoben, gesammelt und fort getragen zu werden in ein uns fremdes Zuhause, wo wir von Kinderaugen bestaunt und in den schillernsten Farben beschrieben werden.

Doch es bleibt dieser betäubende Geruch an uns, der jetzt etwas modrig ist, den ganzen Raum erfüllt und das Sterben in sich trägt.

Station 3 – 20 km – Geisingen bei Donaueschingen/Deutschland

Die Brücke

Die Brücke ist Sinnbild in der Politik, Philosophie, Psychologie, Medizin, Religion und der Esoterik und steht für verbinden, überbrücken, überspannen und überwinden.
In der Bildenden Kunst, dem Film, der Literatur und der Musik wird die Brücke oft thematisiert und in den Mittelpunkt gestellt. Sie ist das einende Symbol unserer Gesellschaft.

Ich liebe die Idee der Brücken und verneige mich vor ihren Erfindern. Die Brücken verdienen Anerkennung, denn ohne sie wären wir nichts. Sie sind der Anfang und der Weg zu einer zivilisierten Entwicklung und einem Miteinander über alle Grenzen hinweg.

Das Bild der Brücke gibt uns die Chance über unseren eigenen Horizont zu blicken und Schritte in ein uns noch fremdes Land zu wagen.

Wir alle träumen davon. Also, feiert sie, die Brücke!

Station 4 – 83 km – Gutenstein bei Sigmaringen/Deutschland

Der Wald

Es ist nicht der Wald, der mich begleitet.
Der Wald steht still, ist schwarz und schweigt.
Verweigert mir die Vorschau aufs kommende freie Land.
Beschattet mich, was ich nicht schätze, als sonnenhungriger Mensch.

Die nördliche Donauseite lieb ich sehr.
Auf sie ist schon am Vormittag Verlass.
Gibt mir den Blick frei für die nächsten spannenden Meilen.
Ist doch den größten Teil des Tages die Sonnenverwöhnte von uns beiden.

Station 5 – 96 km – Sigmaringen/Deutschland

Solitude

Tückisch kriecht sie in mir hoch
Nimmt Fahrt auf – rast auf mich zu
Tritt bei mir ein mit voller Wucht
Besetzt schnell alle Ecken

Lässt sie nicht mehr ab von mir?

Solitude jetzt bist du angekommen
Nagst und frisst – spuckst wieder aus
Unverhoffte Gier ich ahn es
Ich werd dein nächstes Opfer sein

Ist die Lösung Zweisamkeit?

Station 6 – 104 km – Scheer bei Sigmaringen/Deutschland

Mein Rad

Mein Rad ist treu
trägt mich
schweigt meistens
ist ortlos
spurt
dreht sich
bleibt stehen
ergibt sich mir

Wir beide sind wie
Ross und Reiter
Vater und Kind
Dach und Haus
die Luft und der Ball

Station 7 – 114 km – Mengen bei Sigmaringen/Deutschland

Nimm dir Zeit

Setz dich neben mich
und höre mir gut zu
was ich sagen muss
auch wenn ich schweige

Unterbrich mich nicht
spür meine Sehnsucht
sei die Brücke und
hol mich aus mir raus

Bleib mir ganz nah
auch wenn ich weg bin
schenk mir die Zeit
bis ich gehen kann

Wenn ich zurück bin
nach all den Wegen
werde ich dich finden
wo immer du bist

Station 8 – 142 km – Daugendorf bei Riedlingen/Deutschland

Einhundertdreizehn

Einhundertdreizehn
Einhundertvierzehn

Wind rauscht im Ohr
Monoton das Summen
Unterwegs ohne Zeit
In stoischem Rhythmus
Einhundertfünfzehn
Einhundertsechzehn

Meile um Meile zählen
Einheitsasphaltgrau
Kein Links kein Rechts
Noch schneller geht's nicht
Einhundertsiebzehn
Einhundertachtzehn

Nur in einer Richtung
Geschwind flussabwärts
Den Griff stets am Griff
Mit eiserner Hand
Einhundertneunzehn
Einhundertzwanzig

Nur keine Landschaft
In großen Gängen
Immer nach Osten
Der Sonne entgegen
Einhunderteinundzwanzig
Einhundertzweiundzwanzig

Jetzt bloß nicht Denken
Zug um Zug am Lenker
Beharrlichkeit zahlt sich aus
Wieder und immer wieder
Einhundertdreiundzwanzig
Einhundertvierundzwanzig

Station 9 – 160 km – Dettingen bei Ehingen/Deutschland

Immer in Richtung Südost

Die Donau auf 2000 Kilometern in Richtung Osten zu begleiten hat viel mit meiner Heimatstadt Ulm zu tun. Ist es doch dieser verbindende Fluss, der die Städte Ulm und Neu-Ulm durch ihre städtische und politische Lage maßgeblich mit beeinflusst hat. Für den hier ansässigen Menschen ist die Donau die bedeutendste Identifikation im landschaftlichen Sinne, so wie das Ulmer Münster im architektonischen. Und so sind die beiden trennenden und gleichzeitig auch verbindenden Ufer zu jeder Jahreszeit ein Magnet für Spaziergänger, Radfahrer, Jogger und auch Inliner. Sie alle lassen sich von der Donau an die Hand nehmen, um ein paar wenige Kilometer mit ihr gemeinsam zurückzulegen.

Dabei gibt die Donau die Richtung vor: immer flussabwärts, fast immer nach Südost, der Sonne entgegen. Dies ist nicht unwesentlich. Nur der Reisende, der sich Richtung Osten bewegt, begrüßt den Tag und nur er besitzt das hell erleuchtete, fiebrige Gesicht, an dem man seine Vision und Entschlossenheit erkennen kann. So ist der Weg nach Osten der Weg mit dem Blick in Richtung Sonnenaufgang. Der ganze Körper des Reisenden ist dabei im Licht und wenn das Licht von vorne, frontal auf den Körper fällt, stellt sich ein Gefühl von völliger Durchlässigkeit ein, das man an jedem einzelnen Morgen genießen darf. Es ist ein wunderbares Gefühl unabhängig von der Witterung und dem Streckenverlauf, und ich spüre, dass ich ein Wesen aus Fleisch und Blut bin.

Station 10 – 198 km – Ulm/Deutschland

Bannwald

Baumhoher Riese
Strauchiger Wirrkopf
Knorriger Suppenkasper
Großblättriges Großmaul
Magersüchtiges Jungholz
Runzliger Alter
Luftwurzliges Alles und Nichts

Alles trägt deinen Namen

Station 11 – 226 km – Günzburg/Deutschland

Loslassen

Loslassen
In Zeiten der inneren Einigkeit
Mit Kraft und Zielsicherheit
Mit sich einig sein
Durch dick und dünn
Durch schwarz und weiß
Sich zeitlos auf die weite Reise machen

Kein Auge bleibt trocken
Nur sich selbst verantwortlich
Sich selbst!
Bei rasender Fahrt
Von allen Zügen springen
In der Luft im Wasser und zu Land
Alles bleibt in deinem Atem
In der Unwissenheit alles anderen

Und dann?
Kommt nichts mehr
Außer der Erfüllung
Sofern sie auf dich gewartet hat
In Erschöpfung und Erwartung
In Verzückung und Entrückung
Jetzt auskosten!
Alle Mühe wert und endlich
Endlich vergessend was war
Losgelassen

Station 12 – 246 km – Gundelfingen/Deutschland

Großes Orchester

Kaum hörbar ein listiges Gurgeln unterhalb des spärlichen Zulaufs eines unbekannten Rinnsals.

Ich lausche einem leisen Gurren wie von Tauben und vermute, dass darunter kleine Strudel sind.

Ein Plätschern in Zeitlupe, Fliegenfischer am seichten Ufer, nur tote Äste spielen Micado.

Ein helles Knistern wie beim Auspacken von Konfekt zwischen den Kieseln am flachen Ufer.

Spiel mir das Lied vom Wasser, denke ich und versuche noch genauer hinzuhören.

Das stumpfe Klatschen an einer steilen Bootswand beruhigt wieder meine Sinne.

Tonlos still ruht hier das Wasser in tiefem blauem Frieden am grün bewachsenen Ufer.

Ein unruhiges Raunen und Brummen liegt in der Luft, schon früh kündigt sich das Wehr an.

Mächtiges Rauschen dort, wo das Wasser über den Scheitel der Betonwand bricht.

Ein großes Orchester, ich hoffe alle Töne bleiben mir im Ohr, im Kopf, im Herzen.

Station 13 – 270 km – Gremheim bei Dillingen/Deutschland

Gegenwind

Gegenspieler – Gegenwind
Vielstimmig ist dein Lied
wahllos deine Richtung

Dein Angriff kommt von vorn
Ungeliebtes Stelldichein
auf dich kann ich verzichten

Ein milder Südwind wär' jetzt schön!

Nichts trennt mich von dir
Wenn du groß wirst
werd ich winzig klein

Zur Flucht ist's viel zu spät
Nur eine hohe Wand aus Stein
könnte mich noch schützen

Ein milder Südwind wär' jetzt schön!

Kein schmeichelndes Grußwort
Im Angesicht des Windes
fällt mir das Fluchen leicht

Pegasus kriegst Flügel
Lass mich nicht im Stich
auch wenn du Univega heißt

Ein milder Südwind wär' jetzt schön!

Gegenwind – bist doch nur Wind
Ich gebe heute Vortritt
doch morgen weht ein andrer Wind

Station 14 – 305 km – Marxheim bei Donauwörth/Deutschland

Mut

Vielleicht ist die Assimilationsfähigkeit einer der Gradmesser in der Frage, inwieweit sich der Mensch auf eine neue, ihm unbekannte Situation einlassen kann. Denn diese Fähigkeit verlangt immer zunächst die Opposition von Bekanntem, dann die Offenheit für Neues und schließlich das Verlassen von Altem. Denn Platz schaffen für Neues ist die Zauberformel für Veränderung schlechthin.

Opposition, Offenheit und Tatkraft verlangen Mut, den ich bei vielen Menschen sehr schätze. Ja, es gehört immer viel Mut dazu, wenn ein Mensch sich aufmacht, mit einem Rucksack voller Erfahrungen und Unsicherheiten bepackt, und auf Reisen geht.

Und wenn etwas schief geht?
Dann war es wenigstens ein Versuch, sich selbst einmal zu verlassen. Ein Gewinn ist es allemal und ein Spiel könnte es auch gewesen sein.

Station 15 – 326 km – Neuburg a. d. Donau/Deutschland

Am frühen Abend

Ich sitze beim Bier auf einem einfachen, doch bequemen Gartenstuhl, hänge keinem konkreten Gedanken nach, schaue mit leerem Blick, dem Blick, den man nicht abschalten kann, geradeaus.

Nichts drängt sich auf, nichts, was einen Blick wert wäre: Verwaiste Zelte, gesicherte Fahrräder, Wohnmobile, die den Komfort von Häusern versprechen. Beschürzte Frauen auf dem Weg zum Geschirrspülen, Männer, fett bebaucht und ohne Hemd, und kreischende Kinder, spielend, den frühen Abend in die Länge ziehend. Also ein Alltag auf einem ganz normalen Campingplatz, auf dem die Camper sich eigentlich bemühen, genau diese Art von Alltag hinter sich zu lassen.

Alltag? Ein Tag wie jeder andere?
Ich freue mich aufs Morgengrauen.

Station 16 – 355 km – Ingolstadt/Deutschland

So still heute

Treue Begleiterin am Morgen
warum bist du so still heute?
Ist mein Weg nicht auch der deine?

Ich suche deine ruhige Spur
an diesem heißen Sommertag
Und der Mittag ist bald aufgebraucht!

Doch vielleicht heute Abend schon
ein kleines munteres Tänzchen?
Und – darf ich morgen hoffen?

Station 17 – 374 km – Wackerstein bei Vohburg a. d. Donau/Deutschland

Station 18 – 398 km – Staubing beim Kloster Weltenburg und Befreiungshalle/Deutschland

Station 18 – 398 km – Staubing beim Kloster Weltenburg/Deutschland

Leise

Leise wie ein Flüstern hast du mich berührt.
Als wäre es nicht geschehen.
Vorsichtiges Eintauchen war meine erste schüchterne Berührung.
Und du hast mich aufgenommen, umarmt, umflossen wie so oft zuvor.
Ich wurde fordernder mit mehr Kraft in meiner Bewegung.
Meine ersten Schritte sicherer, und du gabst ergeben nach.
Ich spürte deinen umschmeichelnden Leib, während ich in dich eintauchte.

Dein „langsam, du hast Zeit, ich ströme dir nicht weg" beruhigte meinen Geist.
Ich fühlte mich ertappt, ging einen Schritt zurück und du folgtest mir.
„Ich lass' dich nicht mehr los" war mein ungeliebter Gedanke
und der Hauch einer Brandung war dir zu entnehmen.

Station 19 – 420 km – Bad Abbach/Deutschland

56

Station 19a – 423 km – Matting bei Bad Abbach/Deutschland

Regen in Regensburg

Wer gesellt sich da urplötzlich zu mir?
Ich habe ihn nicht geladen!
Trotzdem kommt er – anstandslos wie er ist
Bedeckt mit seinem riesigen Körper das ganze Land

Er spart nichts aus
Sparsamkeit scheint noch nie seine Stärke gewesen zu sein
Und er ist launisch
Für Überraschungen immer zu haben
Oder auch nicht
Vielleicht

Wenn er wütend ist – wütet er
Ohne Unterlass
Tag und Nacht und auch dazwischen
Er lässt seine Muskeln spielen
Um dann – sich zurückzuziehen
Oder zuzuschlagen

Es ist ein Zuschlagen
Mauern stürzen
Dämme bersten
Menschen schreien
Land unter – alles flieht – wenn noch möglich
Wenn Gnade da ist

Und danach?
Steht er still
Wenn er will
Oder auch nicht

Station 20 – 441 km – Regensburg/Deutschland

Geduldige

Du hoffnungsvoll Grüne, flach wie ausgebremst, dümpelst du dahin.

Du Stille, Gezähmte, buckelst täglich rohe Kähne. Soll dies dein Schicksal sein?

Ich erinnere mich noch mit Grausen, alles voller Schlamm, welch unheilvolle Zeit.

Kein Händeringen half, Verbote nicht und nichtig, für ein Flehen war's zu spät.

Zurück blieb unsere Furcht wie eine mahnende Spur ungleichen Kräftemessens.

Wir waren wieder glücklich davongekommen zu sein, mit heiler Haut und bei Verstand.

Station 21 – 469 km – Wörth a. d. Donau/Deutschland

Einhundert Mal Seitenwechsel

Auf fast 3000 Kilometern verbinden über hundert Brücken die zehn Anrainerstaaten der Donau. Diese großen und kleinen Wunderwerke der Ingenieurbaukunst bieten somit dem modernen, mobilen Menschen die Möglichkeit eines Seitenwechsels. Genug Möglichkeiten um „Guten Tag, wie geht es euch?" zu sagen, um zuzuhören und zu erzählen.

Wer weiß, vielleicht ist die Donau ein so langer Strom, um die zehn so unterschiedlichen Länder miteinander zu verbinden? Fakt ist, die Brücken sind die Antwort der Menschen auf den Verlauf der Donau.

Ich liebe die Nähe der Brücken und zugleich fürchte ich sie auch. Ich liebe sie, weil sie Kühnheit, Zielstrebigkeit und Entschlossenheit ausstrahlen und mir einen Weg eröffnen, den es ohne sie für mich nicht gäbe. Gleichwohl fürchte ich diese schwergewichtigen Bauwerke, denn für Radfahrer sind sie verkehrstechnisch sehr problematisch. Ihre Auffahrten sind Verkehrsknotenpunkte, die mich bisweilen zwingen vom Fahrrad abzusteigen, mich immer wieder aufs Neue auf den gefährlichen Autoverkehr zu konzentrieren und besondere Vorsicht walten zu lassen. Eine sofortige Umkehr ist meist unmöglich und im schlimmsten Fall werde ich gezwungen dunkle, feuchte oder gar wasserunterspülte, unübersichtliche und zudem oft schlecht beleuchtete und unbeschilderte Unterführungen zu passieren. Ich setze mich diesen Unwegsamkeiten aus, immer in der Hoffnung, dass ich wieder nach oben komme, dorthin, wo wärmendes Tageslicht mich verwöhnt, die Luft besser ist und der Straßenverlauf wieder übersichtlicher wird.

Station 22 – 488 km – Straubing/Deutschland

Ins Licht stellen

Sie geben sich große Mühe, dich aus dem Dunkel zu heben.

Erweisen dir große Ehre, tauchen dich in vielfarbiges Licht.

Alle wollen dich strahlen sehen, ihre Show soll es werden.

Jede Nacht ein Feuerwerk der Farben, viel Kitsch ist auch dabei.

Der Glanz schmeichelt dir, du wetteiferst mit den Sternen.

Du denkst: Ach, wär's nur immer Nacht, mit dir als Farbenpracht.

Station 23 – 525 km – Deggendorf/Deutschland

Deine Ruhe

Lange vor unserer Zeitrechnung, als es noch keine Tage und Nächte gab, durch Eiszeiten hindurch, immer in die gleiche Richtung, das Meer zum Ziel, das das östliche Europa abschließt und den Orient für uns öffnet: Das ist dein Lauf, dein Schicksal.

Nahezu 3000 Kilometer, in fast demütiger Haltung, die Landschaft in neugieriger Nachbarschaft, aus Dankbarkeit sich verbeugende Gräser und Bäume, aber auch die dich begleitende Böschung, die sich von dir abzuwenden scheint: Das ist dein Lauf, dein Schicksal.

Dein Weg war in früheren Zeiten ein noch längerer, mit mehr Zeit für die Vorfreude auf dein Zusammentreffen mit dem *Pontos Euxeinos*, mitten durch den mächtigen Fels, den du ausgehöhlt und mühselig gesprengt hast: Das ist dein Lauf, dein Schicksal.

Doch für mich gibt es sie nicht, die Jahrtausende, die Zeit ohne Grenzen, die zeitlose Zeit, und das Ticken der Uhr in mir höre ich genau. Ihre Zeiger werfen unübersehbar immer längere Schatten. Ich bewundere deine Ruhe, jedoch deine Kontinuität kann nicht mein Vorbild sein. Das ist mein Lauf, mein Schicksal.

Station 24 – 560 km – Hofkirchen bei Vilshofen/Deutschland

Schaufließen

Ich bin überrascht und irritiert über die Ausgelassenheit, die du hier zeigst.
Dieses morgendliche opalgrün-blaue Sommerkleid steht dir besonders gut.
Hoch gekrönt mit verspielt hüpfenden, blauweiß schäumende Lichtreflexen.
Feinster Delfter Spitze gleich umschmeichelt diese Zartheit dein wässriges Gewand.
Es ist ein Schaufließen, das alle grellbunten Hochglanzfotos in den Schatten stellt.
Triumphierende Eleganz kräuselnder Brillanten, auf friedlich dahin gleitenden Wassern.

Mit offenen Mündern, die Gesichter leicht entrückt, Fotoapparate gezückt,
so stehen sie da, die Reisenden in ihrer Alltagskleidung, und staunen sprachlos.

Was sollen sie auch sagen? Alles, was aus ihren tonlosen Mündern kommen würde,
wäre nur ein fader Abklatsch dessen, was du ihnen vor Augen führst.
Sie sind geblendet und erhoffen sich ein klein wenig von dem, was sie sehen,
auf ihren Gesichtern mit nach Hause zu nehmen.

Station 25 – 585 km – Passau/Deutschland

Nichts ist mehr, wie es war

Eine leere Weißbierflasche verfängt sich in einem Schwarzwaldhut, kommt ins Trudeln und schlägt gegen eine Balkonbrüstung.
Ein vergilbter Innenstadtplan windet sich um eine Laterne, reißt sich los, bläht sich auf und bleibt in einer zerzausten Baumkrone hängen.
Ranzige Buttercreme tropft durch den Biskuitboden einer Esterházy-Torte und bildet Fettaugen auf der schlammbraunen Wasserkrone.
Kurzbeinige rot-weiße Straßensperren, schon lange unter Wasser, sperren Straßen, die es nicht mehr gibt, für Autos, die nie mehr fahren werden.
Eine Portion Germknödel hat längst Puderzucker und Mohn verloren, schwimmt einsam durch die Gassen, saugt sich voll und sinkt wie Steine.
Ein fest vertautes Schlauchboot mit Außenbordmotor tänzelt vergnügt an einem Ladenschild aus Messing >*Drexlerschuhe – immer gut zu ihrem Fuß*<.
Ein bunter Regenschirm, zerzaust, mit gebrochenen Rippen, stochert in einer schwimmenden Holzkiste mit leeren Slibowitz- und Wodkaflaschen.
Parkende Fahrzeuge stoßen im Rhythmus der ankommenden Wellen wie Billardkugeln vor und zurück, ohne aus der Reihe zu tanzen.
Ein bedruckter Karton >*Agnes Bernauer Torte*< wellenreitet gelassen in provozierender Langsamkeit über die deutsch-österreichische Grenze.
Nackte Sauerkrautreste bewegen sich wie mit Tentakeln in Zeitlupe auf der Wasseroberfläche und krallen sich fest an einer überdehnten Wäscheleine.
Flatternde Wäsche an Wäscheleinen, stolz wie die Segel einer Karavelle, wird von einem knatternden Motorboot voller Sandsäcke fortgerissen.
Menschen im zweiten Stock rufen sich aufmunternd zu und die wiederbelebte Nachbarschaftsliebe beklagt, dass nur Hunde schwimmen können, Katzen leider nicht.
Nichts ist mehr dort, wo es vorher war, doch wir haben uns damit abgefunden, dass wir uns damit abfinden müssen.

Und danach: Alle Spuren unserer Versäumnisse sind schnell beseitigt. Vielleicht noch ein paar gute Vorsätze hinterher?

Spätestens nach dem ersten *Wenn* folgt das *Aber* und wir gehen unserem üblichen Tagwerk wieder nach. Ach ja, wir hatten Hochwasser – alle paar Jahre wieder.

Widmung für Passau und Deggendorf – Überschwemmung 2013

Passau/Deutschland

Zahme Donau

Zahme Donau erzähle mir von dir
Sanfter zahnloser Wassertiger
Dein Käfig starrt von Beton und Stahl
Wegweiser früher wilder Horden
Schicksalsfluss für Heimatsucher
Eisernes Tor für Entweder – Oder

Versunkene Orte lange vergessen
Für kurzlebige Dollars verkauft
In neuen Plänen längst getilgt
Letzte einsame Türme trotzen
über angestautem Wasser
Stille Steinzeugen erzählen gerne

Wo einst die Auwälder sich trafen
steht heute Mais an deinem Ufer
Pappel und Weide sind längst verbannt
Fische klettern nicht über Staumauern
Die Verlustrechnung wird immer länger
Donau wo ist dein Atlantis geblieben?

Beton vierzig Meter hoch getürmt
Fließgeschwindigkeit gleich Null
Was wir oben rein werfen kommt unten raus
Wir üben an dir im Kleinen
was wir für die Welt im Großen planen
Ursache und Wirkung sind uns wohl bekannt

Jetzt sind wir geschockt und jammern
wenn wir die Schwelle unserer Häuser
verlassen und im Wasser stehen
Gummistiefel Hochkonjunktur haben
und unsere Augen feucht werden
was nicht vom Dauerregen kommt

Hochwasserstände – Endloslisten
Wir können nur beten und hoffen
wenn die Wetterkarte Böses verspricht
Land unter rufen die Meteorologen
Zu nahe haben wir unsere Häuser
an deine unruhigen Flanken gebaut

Fragen werden wieder auftauchen
Antworten ausbleiben wie vor Jahren
Frisches Geld für schnelle Erfolge
Kluge Weitsichten finden kein Ohr
Der Mensch will nur an dir verdienen
aber dienen will er dir nicht

Widmung für Passau und Deggendorf – Überschwemmung 2013

Passau/Deutschland

Sehnsucht

Der Augenblick ist viel zu lang
Vergessen ist was jemals war
Ein Dazwischen längst auf Null geschrumpft
Was jetzt noch zählt ist nur noch Wollen
Das Morgen heute schon gefühlt

So fernlos nah und nahlos fern
Tot soll sie sein die Zeit danach
Doch Sehnsucht hinterlässt auch Schatten
Weil Sehnsucht immer zu Beginn
erfüllt sein und nie enden will

Station 26 – 616 km – Obernzell bei Passau/Deutschland

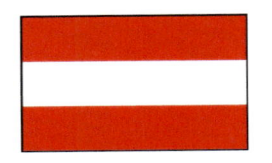

Station 27 – 642 km – Inzell/Österreich
bis
Station 41 – 974 km – Hainburg/Österreich

Österreich

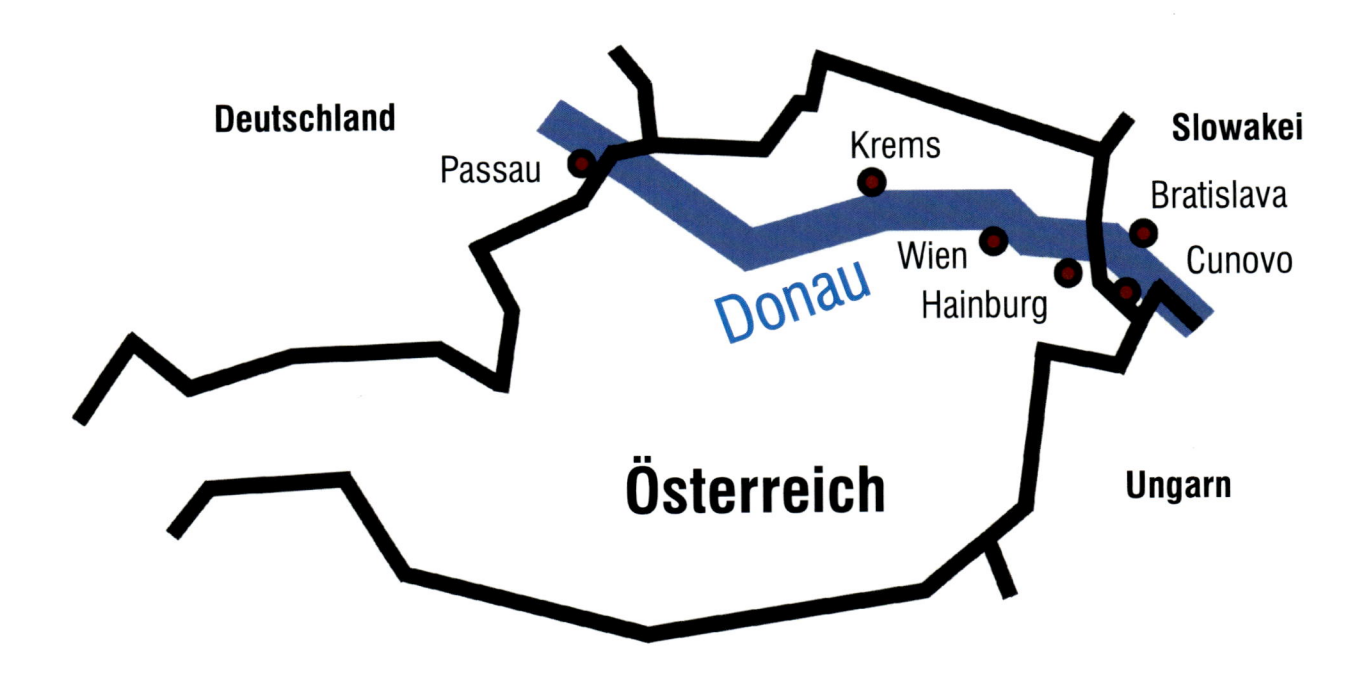

Deutschland — Passau — Krems — **Slowakei** — Bratislava — Wien — Hainburg — Cunovo — Donau — **Österreich** — **Ungarn**

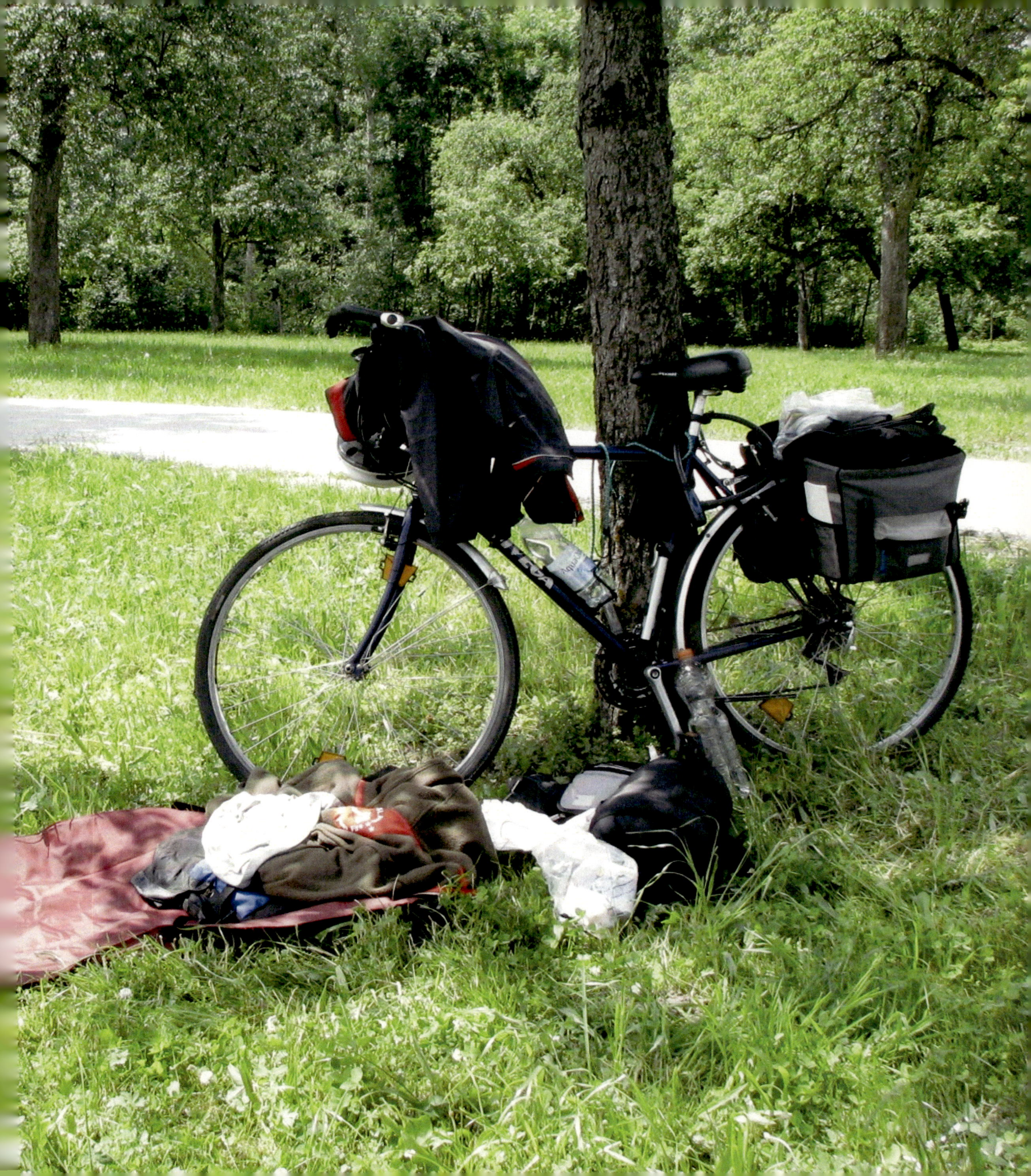

Zeiten

Hier spürt man die Traditionen wie den Schiffsbau, die Köhlerei oder den Weinanbau.

Die Zeit ist das Messinstrument und bestimmt mit, wann und was Tradition ist. Tradition ist eine ununterbrochene Folge immer derselben Tätigkeiten, verrichtet von einer örtlich begrenzten sozialen Gruppe von Menschen. Dieser Verbund, einer Familie nicht unähnlich, ohne unbedingt blutsverwandt zu sein, bildet sich aus Generationen, die Erlerntes weitergeben.
Diese Generationen sind Zeugnisse der Zeit und der Reisende spürt sie am stärksten in den Tälern, dort, wo die Stimmung etwas beschattet und düster wirkt und die Wahrnehmung nicht im grellen Tageslicht dahin zu schmelzen droht. In einem abgelegenen Tal, links mit Felsentürmen, die kaum ein gefahrloses Überwinden möglich machen, und rechts, hoch aufstrebende, dicht gewachsene Wälder. Vor und hinter sich nur ein Weg, nicht unendlich lang verfolgbar, denn die nächste Kurve verschließt das Tal augenblicklich. Und über einem der Himmel, mal düster wie das Tal selbst, mal freundlich und auch unentschieden, vergleichbar einem Wechsel von Stimmungen in einer Familie, in der jeder neue Tag bedeckt, düster, grau, aber auch hellblau und voller Licht, mit allen denkbaren Zwischenfarben, möglich ist.

Aus diesem Tal der Traditionen führen somit nur zwei Wege heraus: Der rückwärts gewandte Weg, ein retrospektiver Weg. Das Rückwärtsgehen fällt uns schwer. Beim Rückwärtsgehen haben wir kein Ziel vor Augen, stolpern, verfolgt von einem leichten Schwindel, über die nächste Unebenheit und bleiben reg- und mutlos wie ein hilfloser Käfer auf dem Rücken liegen. Beim Vorwärtsgehen, dem Gehen in Blickrichtung, stellt sich der Gehende in den Mittelpunkt seiner Überlegungen und der daraus folgenden Entscheidungen. Der Weg nach vorne öffnet die Welt und lässt zumindest auf Augenmaß hoffen.

Station 27 – 642 km – Inzell/Österreich

Regen

Der Regen klopft mir auf den Kopf
Ach bin ich doch ein armer Tropf
Bin nass bis auf die Glieder
Sing nie mehr schöne Lieder

Ich denk an Flucht – erkenn doch bald
Es ist kein Anschlag der mir galt
Auch mit Jammern geht's nicht weiter
Noch schneller radeln ist gescheiter

Station 28 – 670 km – Eferding/Österreich

Bewegung festmachen

Meilenweit tagelang
Bewegung festmachen
Ein Davor gibt's nicht mehr
Gelassen losgelassen

Bezweifelter Zweifel
Einsame Entscheidung
Vertrauen zu sich selbst
Genuss steht im Vordergrund

Still ist es geworden
Bleierne Müdigkeit
Kein Krümel Skepsis mehr
Alles längst gegessen

Lichtjahre sind es her
Die Erinnerungen
Und am Horizont
Die nächste Bewegung

Station 29 – 695 km – Linz/Österreich

Denn du bist nicht frei

Renn fort
mein Bruder
solange du kannst
Die Flucht ist Zeuge
wieder bist du allein
Frage sie nicht wohin
sie kann es nicht wissen
Frage dich noch nicht
du kannst nicht anders
denn du bist nicht frei

Setz dich
mein Bruder
so lange du willst
Frage die Zeit nicht
für dich steht sie still
Frage dich noch nicht
ob du aufstehen sollst
denn du bist nicht frei

Hör zu
mein Bruder
Gehe nahe heran
Höre die Antwort
und glaube dir allein
dann bist du bald frei

Sprich nicht
mein Bruder
wenn du frei bist
die Antwort kennst

Steh auf
mein Bruder

Station 30 – 742 km – Mitterkirchen bei Mauthausen/Österreich

Ungeduld

Jetzt sitz ich hier dem Abend nah
Ungeduld – wirst immer größer
Mein müder Blick schweift weit hinaus
als käme er nie wieder

Der blaue Fleck ein Bootsverdeck
am Rande achtlos Steine
Dunkelbraunes Baumversteck
helles Gräsergrün zu dieser Zeit

Jetzt schau ich in mein Spiegelbild
Ungeduld – schon quälst du mich
Mein später Blick schaut in mich hinein
als wäre er der letzte

Schäbig alter Lastenkahn
was willst du mir erzählen?
Woher du kommst – wohin du fährst?
Ist Wien auch deine Richtung?

Jetzt wird vor mir die Nacht ganz klar
Ungeduld – ich werd dich doch noch los!
Mein freier Blick schaut in die Welt
als wäre er der erste

Gib Acht – sitz keinem Trugbild auf
lass dich nicht verführen!
Flügel werden mir noch wachsen
die Vorzeichen sind jetzt schon nah

Station 31 – 772 km – Hirschenau bei Grein/Österreich

Vertrautheit der Kilometer

Mein Blick ruht auf dem Tachometer. Meile für Meile.
795 – 796 – 797 – 798 – 799 – 800 – 801 – 802…
und dazwischen die Erinnerungen daran, als der Tachometer
100 – 200 – 300 – 400 – 500 – 600 – 700 – 800 Meilen anzeigte.
Die glücklichen Erinnerungen kommen immer wieder, ungefragt, uneingeladen.
Sie reihen sich aneinander, hintereinander, wie Perlen an einer Kette, mal große, mal kleine. Und mir wird klar, keine Meile ist wie die andere und die Bewegung dazu ergibt die Zeit, die auch nicht stehen bleibt. Zurück bleiben die Landschaften, die Wege und Häuser und auch die Menschen. Nur ich bewege mich fort, von einem zum nächsten Ort, gestern wie heute und sicher auch morgen.

Und so durchstreife, durchfahre ich diese bewegungslosen Landschaften auf nicht endenden Wegen, vorbei an abgestellten Häusern und verwurzelten Menschen. Vergleichbar mit Theaterkulissen, einem starren Bühnenbild auf meiner Reise zu mir selbst. Um mich herum alles Staffage, leblose Begleitung, die nichts von meinen Bewegungen weiß, meinen Weg nicht kennt und nicht einmal meine Richtung ahnt. Sie ist einfach nur da, kaum Ablenkung und selten vertraut.

Ganz anders der Tachometer. Er gestattet mir mehr als nur Ablenkung. Er ist mein Gedächtnis, meine Erinnerungshilfe. Er vermag alle Städte aufzuzählen, die ich durchfahre, erinnert an die Rastplätze und beziffert die einzelnen Stationen, an denen ich geschrieben und fotografiert habe. In Listen und Plänen findet man seine Spur. Immer gerecht, ohne Vorteilsnahme und unbestechlich. Jede meiner Bewegungen zeichnet er in hundert Meter Schritten auf. Im Stillen mahnt er, muntert auf und ich fühle mich befriedigt, wenn die Anzeige der gefahrenen Kilometer die nächst höhere Hunderterzahl erreicht hat.
Mein Tachometer nimmt Notiz von mir, berechnet für mich, zeigt an, legt Zeugnis ab über die zurück gelegte Strecke. Er ist ein Teil von mir, weil er ein Teil meiner Planung und Absicht ist.

Er ist mein zuverlässiger Begleiter und darum verdient er es, in meinen Erinnerungen bedacht zu werden.

Station 32 – 802 km – Emmersdorf bei Melk/Österreich

Ein Gedanke

Mein Bruder spürst du's auch?
So fühlt sich Freiheit an
Der Kopf ein freier Raum
der Denken atmen lässt

Mein Bruder greif schnell zu!
Die Zeit ist reif für dich
Der Kopf ein Tatenraum
der dich jetzt handeln lässt

Mein Bruder schon ist's vorbei!
Neu belegt sind Raum und Zeit
Der Kopf ein Wehmutsraum
der nur erinnern lässt

Station 33 – 839 km – Krems/Österreich

Wasser

Wasser fließe
Wasser gieße
schütt' dich aus
sei ein Sieb
mach's wie immer – gib

Wasser glaube
Wasser raube
gib uns Hoffnung
vergiss uns nicht
gib uns Zuversicht

Wasser gebe
Wasser nehme
schenk' uns Leben
nimm's uns fort
an einen geheimen Ort

Station 34 – 849 km – Hollenburg bei Krems/Österreich

Flüsternder Asphalt

Bei zunehmendem Tempo fängt der Asphalt an zu summen. Je schneller, je höher. Durch gezielten Tempowechsel habe ich auch versucht eine Melodie zu gestalten, mitzuschwingen, aber die Monotonie dieses Summens hat sich meinen Versuchen letztendlich immer entzogen. Stattdessen entstand in mir die kurzzeitige Vorstellung wirklicher Zeitlosigkeit und das fast andächtige Lauschen als ein hauptsächlicher Grund für ein ewiges Weiterfahren. Nur kurze, kontrollierte Blicke nach vorne waren möglich, ansonsten wurde meine ganze Aufmerksamkeit nach unten gelenkt, dorthin, wo das Summen herkam: knapp vor dem Vorderreifen, dort, exakt dort, wo der höchste Punkt des Vorderreifens für den Bruchteil eines Augenblicks auftaucht, bevor er sich wieder auf ein gemeinsames Summen mit dem heißen Asphalt einlässt. Ich habe ihn immer wieder mit den Augen gesucht, diesen flüchtigen Scheitelpunkt, und glaubte ich, ihn gefunden zu haben, war er schon weiter auf seiner kreisrunden Bahn. Dieser einzigartige Punkt wurde für mich zu einem magischen Ort, der sich nur durch meine Fahrgeschwindigkeit definierte. Und mir wurde klar, dass dieser Ort, der eigentlich eine unzählige Ansammlung solcher erhabener Scheitelpunkte darstellte, nur durch meine Geschwindigkeit seine Existenz erhielt.
Dieser magische Ort wurde auf meiner Reise zu meinem Geschwindigkeitsmesser, zu einem summenden Tachometer und ich war sein Dirigent.

Verfolgte ich über mehrere Kilometer aufmerksam, fast hingebungsvoll dieses höhepunktlose Dahingleiten, vergaß ich bisweilen den technischen Hintergrund dieses Phänomens. Ein meditatives Bewusstsein stellte sich unmerklich bei mir ein, das keine eigenen Ziele und Wünsche mehr zuließ und selbst das Beobachten des sich drehenden Rades verschleierte. In dieser Beobachtungsphase erkennt man nur noch die dicht gebündelten Pakete von kurzen rhythmischen Linien, die vom Vorderrad förmlich weggeschleudert werden. Es entsteht ein Asphaltflimmern, dessen Linienbündel in unendlich vielen Grautönen, die einzeln nicht mehr wahrnehmbar sind, funkengleich zu verglühen scheinen.
Das dabei entstehende Summen, einem betörenden Flüstern ähnlich, lernte ich bald lieben. Selbst wenn die Kräfte nachließen, wollte ich auf dieses Summen nicht verzichten. Es war Motivation immer weiter zu radeln, die Geschwindigkeit zu halten, nicht nachzulassen. Ich wollte es nicht sein, der diese Summen unterbricht. So lange bis…es körperlich nicht mehr ging oder die äußeren Bedingungen einen Abbruch erzwangen.

Und es gab so etwas wie ein Versprechen, dass sich bei der nächsten Temposteigerung dieses visuelle und vor allem akustische Phänomen wieder einstellen würde. Es sei denn, der Belag würde sich ändern.

Station 35 – 865 km – Altenwörth bei Traismauer/Österreich

Erzähl mir

Wo warst du in den Morgenstunden?

Nimm mich mit und lass mich nicht aus den Augen.
Von mir aus, in der Nacht fließ mir voraus
und erzähl mir in meinen Träumen von morgen.

Station 36 – 892 km – Muckendorf bei Tulln/Österreich

Entscheide dich

Entscheide dich
ob du
hoffnungsvoll
grün
oder nur
wasserblau
sein willst

Erinnere dich
an deine
uralten Zeiten

Station 37 – 915 km – Greifenstein bei Stockerau/Österreich

Du Donau

Ich traute meinen Augen kaum
als ich deine ganze Breite sah
Geruchlos still und stumpf
mit prall gespanntem Bauch

Wässerst durch die Erdenzeiten
krümmst den Rücken Tag und Nacht
Strömst stur in eine Richtung
ohne jemals anzukommen

Mein inneres Auge trügt mich nicht
wenn ich dein modrig Grün hier seh'
Lautlos bist du – auch kein Murren
doch an mein Ohr dringt leises Klagen

Nichts als Unverstand in deiner Nähe
Ein glücklicher Strom kann das nicht sein!

Station 38 – 923 km – vor Wien/Österreich

Denk-Zettel

Um zu begreifen, welchen Mut und welche Kraft notwendig sind, um Einsamkeit, Zeitlosigkeit, Bescheidenheit, Gelassenheit, eine gewisse Sturheit und Zielstrebigkeit zu erleben und auszuhalten, musste ich der Donau lange folgen. Vor Beginn meiner Reise dachte ich, dass ich mit diesen Attitüden relativ souverän umgehen könne. Die Begriffe waren mir wohl vertraut und zumindest in den letzten 40 Jahren waren sie immer wieder Gegenstand persönlicher Übungen gewesen. Ich sollte mich irren.

An jedem Tag meiner Reise wird für mich deutlich, wie interpretierbar und wie wenig allgemeingültig alle diese Begriffe sind. Täglich muss ich die Erfahrung machen, dass sich diese Begrifflichkeiten mit meinen sich verändernden Reise- und Lebensumständen kontinuierlich mit verändern. Diese Erkenntnisse beeinflussen meine Gefühlswelt wesentlich.

Meine 2000 Kilometer lange Reise an der Seite des zweitgrößten Flusses Europas ist so etwas wie ein Denk-Zettel. Ich bin dankbar, dass ich mich für diese Reise entschieden habe und durch das Schreiben ein späteres Zeugnis meiner Erlebnisse und Erfahrungen entstehen wird. Denk-Zettel, das ist ein ehrliches Wort, das einen Inhalt und eine äußere Form beschreibt und zusammenfasst. Denk-Zettel sind Ansammlungen von Erlebnissen und Erfahrungen, die in einem bestimmten Zeitraum bewegt werden, um dann in eine zunächst flüchtige schriftliche Form transformiert zu werden. Und so kann ich meine Reise von Donaueschingen bis ans Eiserne Tor in Rumänien als einen Denk-Zettel bezeichnen. Als kurze, fast flüchtige Markierungen auf einem langen Weg entlang der Donau, konfrontiert mit Abschiednehmen und Vorfreude, Bescheidenheit und Ausdauer, Erwartung und Enttäuschung, auch Zielstrebigkeit und dem Glauben an mich selbst.

Es erfüllt sich für mich die philosophische Erkenntnis fernöstlicher Lebensweisheit, dass der Weg das Ziel ist, oder wie ich formulieren möchte, dass der Weg das Leben ist. Der Weg ist eine Chance, bei der der Mensch die Zeit geschenkt bekommt, um zu denken und zu handeln. Und dieses Denken ist ausschließlich motiviert durch das Ziel, sich weiter zu entwickeln. Denken und Schreiben, beides sind Zeugnisse eines zurückgelegten Weges, sind Wegzeugnisse, eben Denk-Zettel.

Station 39 – 933 km – Wien/Österreich

Danach

Leises Murmeln auslaufender Wellen
Graues Treibgut macht sich am Ufer breit
Ein letzter verschämter Rülpser schon weit weg

Langsam taucht Ufer auf aus fremdem Land
Gereinigte Luft – Äther zum Atmen
erinnert mich ans Weiterdenken

Frisches Blau am Himmel gut für's Auge
Erste mutige Boote durchschneiden
den wieder friedlichen Wasserlauf

Den Flugapparat wieder eingestellt
Die letzten Wassertropfen abgeperlt
am glänzend fetten Zaungästegefieder

Auf der Holzbank hochgelegte Beine
suchen ausgekühlt die Vertikale
erinnern mich ans Weiterfahren

Station 40 – 948 km – Orth/Österreich

Ich bin nicht du

Sonnengeflüster hier
Schattenantwort dort
zaubern ein Lächeln
auf meine Lippen
Doch du bleibst davon unbeeindruckt

Lüfte warm und mild
Düfte zart und schwül
Tief atme ich ein
und bleibe gelassen
Ich ahne dass es dir nicht gut geht

Regen gestern
Stürme heute
Wie eine Rallye
auf dem Klavier
Ich verkrieche mich bis morgen früh

Station 41 – 974 km – Hainburg/Österreich

Station 41a – 995 km – Bratislava/Slowakei

Slowakei

Slowakei

Bratislava
Wien
Cunovo
Hainburg
Österreich
Györ
Donau
Ungarn

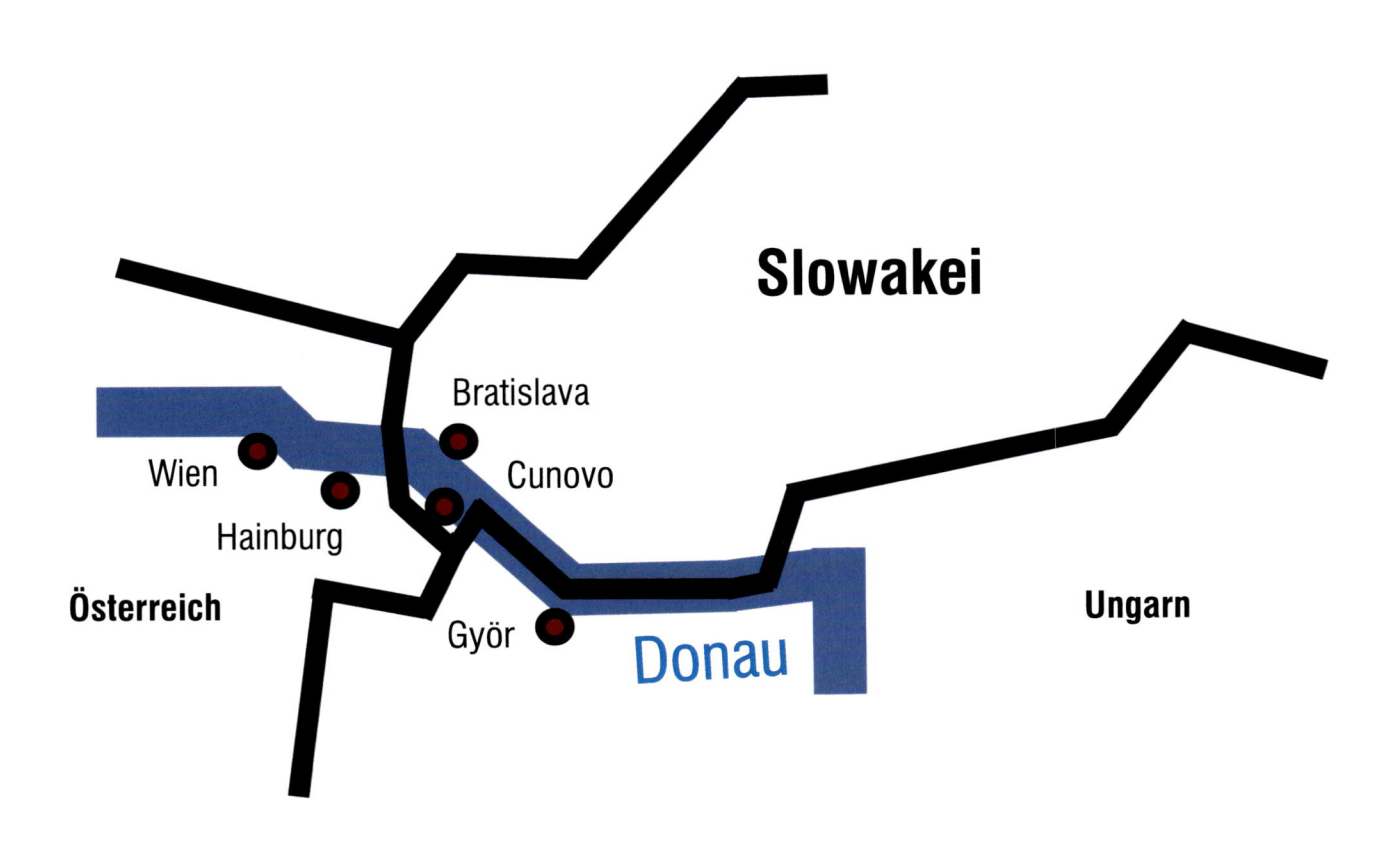

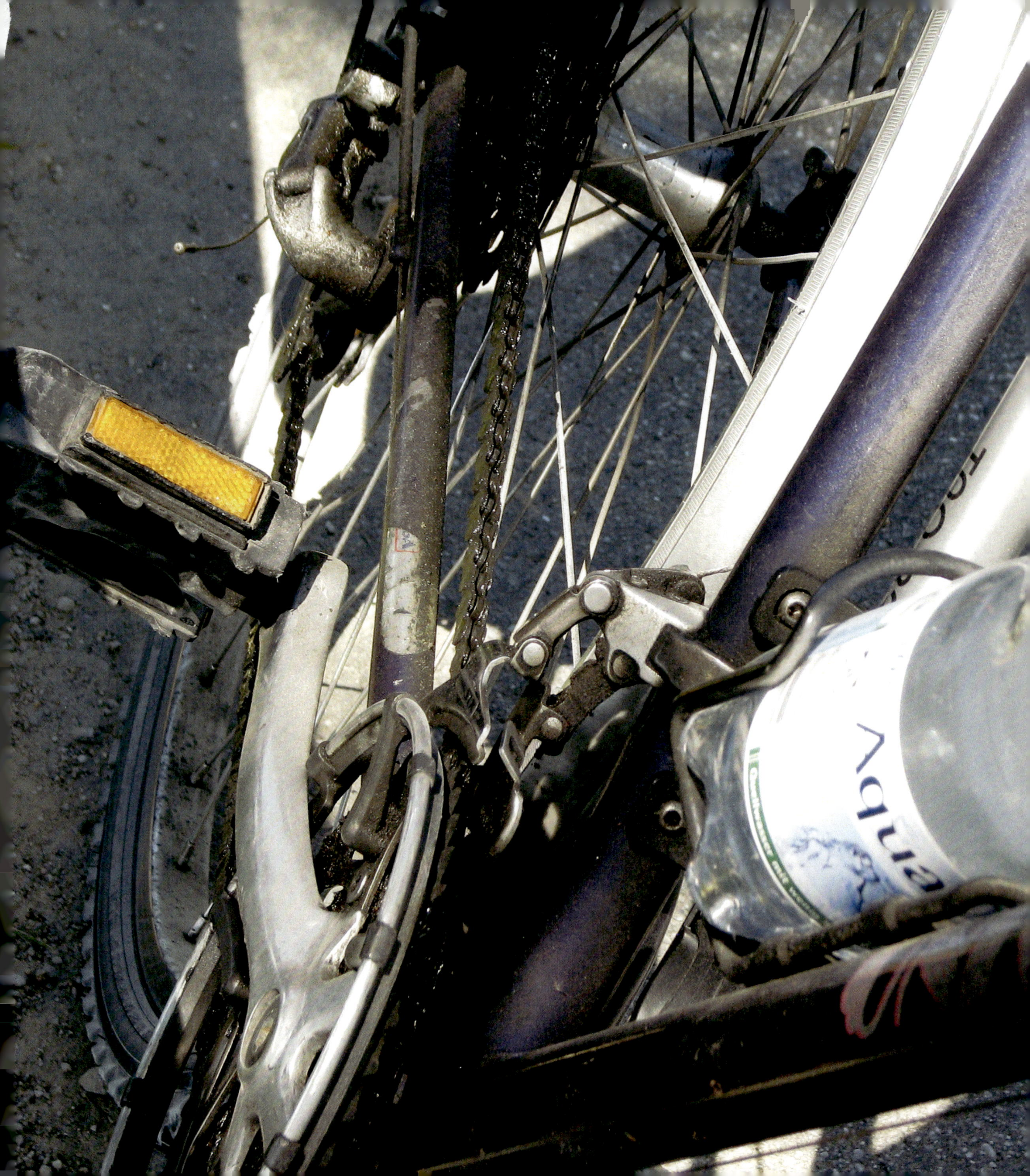
Aqua

Grenze

Dem Grenzeübergang von Österreich in die Slowakei geht ein wundervolles Teilstück, der *Nationalpark Donau-Auen* zwischen Wien und Hainburg, voraus.

Wenn der Radreisende den offiziellen Donau-Radweg verlässt und sich auf den donaunahen Wanderweg begibt, öffnet sich ihm eine fast paradiesische Landschaft. In ruhigen Prielen aus feinkörnigem weißem Sand beruhigt sich dort die Donau. Sie ist in Ufernähe sehr flach, sodass sich lang gezogene, träge wirkende Sandbänke zu einem einmaligen Naturschauspiel gebildet haben. Die Donau will hier wohl kein Strom mehr sein, nicht weiter eilen, sondern verweilen, kommt mir in den Sinn. Unweigerlich fallen mir die Hochglanzprospekte der Reisveranstalter ein, auf denen für die Traumstrände auf den Malediven oder Seychellen geworben wird. Heute, nachdem ich die ersten 2000 Kilometer der Donau kennen lernen durfte, wage ich zu behaupten, dass dieser Donauabschnitt das bezauberndste, verträumteste, geheimnisvollste Teilstück der mir bekannten Donau ist. Unzählige verschiedene Wasservögel und andere zu beobachtende Tierarten scheinen darauf zu drängen, in diesem Natur belassenen Ökosystem länger zu verweilen. Hier scheinen sich alle Sehnsüchte und Träume zu erfüllen.

Nach diesem landschaftlichen Erlebnis fällt es besonders schwer, die Reise in ein Land fortzusetzen, das mir gänzlich unbekannt ist und von dem ich nur weiß, dass die Hauptstadt Bratislava heißt. Sie ist die Hauptstadt der Slowakei und geizt zu Anfang mit ihrem Charme. Über staubig graue Betonplatten, vorbei an kargen, unbewirtschafteten Flächen, nähere ich mich der unbewachten Grenze der Slowakei. Die wenigen Radfahrer nehmen diese Grenze, vielleicht abgelenkt in der Erwartung auf die Stadt, deren Name so wunderbar auf der Zunge zerschmilzt, kaum wahr. Nur ein verwaistes, rostbraunes Grenzhäuschen markiert die slowakische Grenze. Entspannt und irgendwie glücklich komme ich nach der Überquerung mehrerer Autoschnellstraßen auf einer alten, über die Donau führenden hölzernen Hängebrücke sicher in Bratislava an. Schnell wird mir klar, Bratislava ist eine Stadt, die alles verspricht und noch mehr hält. Man stolpert förmlich über die Spuren der konfliktreichen Stadtepochen. Bunte, knallige Bekleidungsgeschäfte mit Anspruch auf Moderne, alte, baufällige Steinfassaden mit Aussicht auf Abriss, aalglatte Glasfassaden, streng gegliedert durch messinggelbe Einfassungen aus den siebziger Jahren, erinnern an die sozialistische Ära und kolossale Sandsteinbauten lassen die Habsburger Zeit wieder lebendig werden. Bratislava, die Unentschiedene. Ein Sammelbecken verschiedener Völker und Baustile und eine Addition von Wünschen, Vorgaben und Ansprüchen, die ihre Bewertung noch vor sich hat. Kurz, eine zauberhafte, geheimnisvolle Stadt, deren Veränderung und Entwicklung in der Luft, aber auch im Unklaren liegt, wo aber der Besucher den Menschen auf der Straße die Freude an Veränderung und Bewegung förmlich ansieht und man deutlich spürt, dass Glaube und Hoffnung und vor allem ein „Dürfen" ganz lebendig sind.

Station 41a – 995 km – Bratislava/Slowakei

Station 42 – 1269 km – Budapest/Ungarn
bis
Station 50 – 1494 km – Mohács/Ungarn

Ungarn

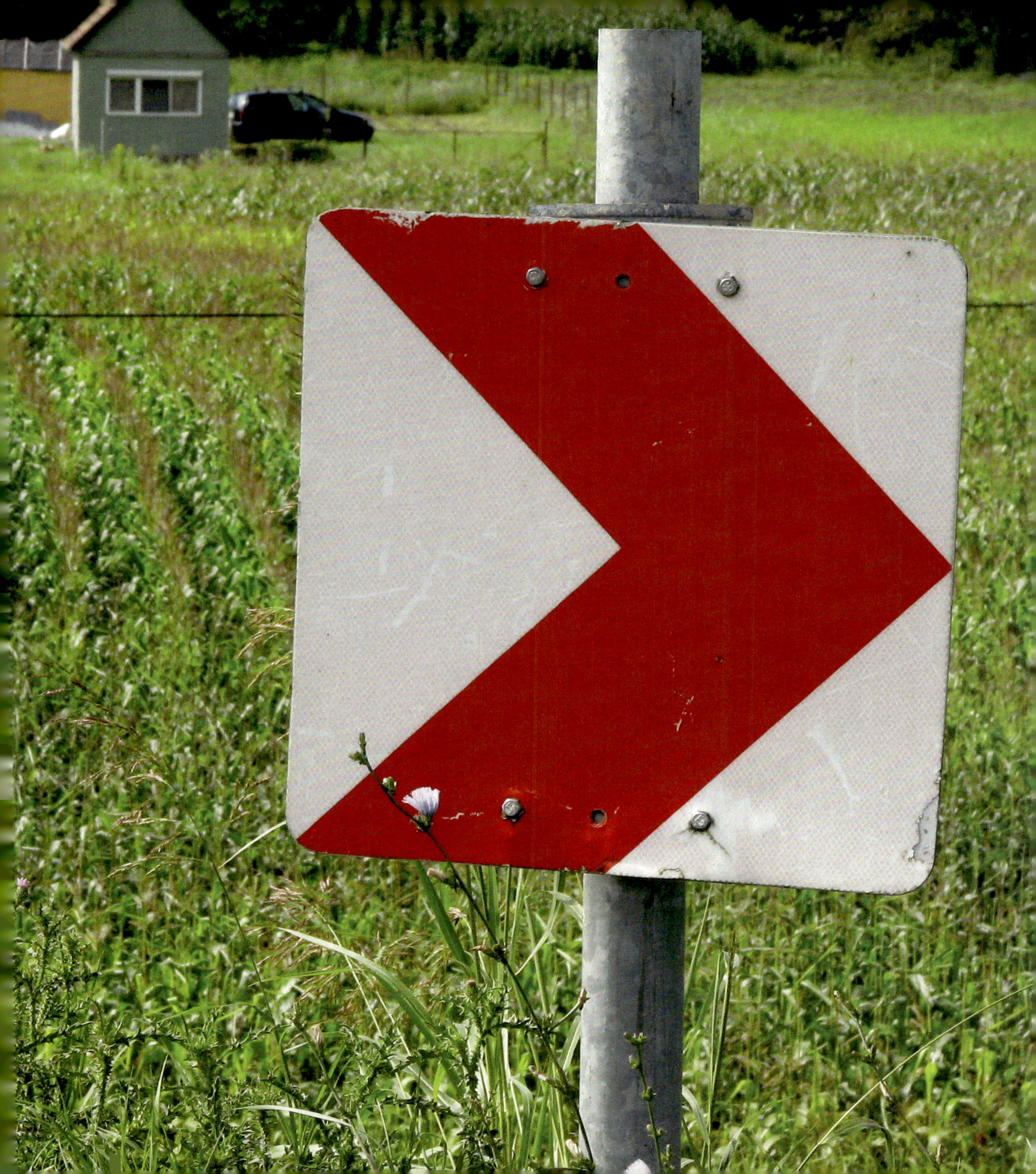

Kein Platz

Hier ist kein Platz
nicht für mich und
nicht für ein Gedicht

Der Autoverkehr
feiert Hoch–Zeit und
den Duna–Radweg
gibt es sowieso nicht

Station 42 – 1269 km – Budapest/Ungarn

Urplötzlich

Urplötzlich ist sie in meinem Ohr, eine mir fremde Sprache.
Unvorbereitet bin ich, ich zweifle für Sekunden, ob es überhaupt Sprache ist.
Ich versuche die Laute zu ordnen, irgendein Bild von ihnen zu bekommen.
Wie ist ihr Rhythmus, wie ihre Phonetik.
Ja, doch – es muss ungarisch sein!
Auch das Straßenschild lässt keine andere Deutung zu.
Gelassen lehne ich mich zurück – mit einem Lächeln.
„Ganz schön drangekriegt", meine Lippen deuten die Worte nur an.

Jetzt bin ich wieder im Bilde. Oben auf.
Spüre, jetzt beginnt die eigentliche Reise!
„Dass ich immer noch keine Flügel habe", kommt mir in den Sinn und wieder bewegen sich meine Lippen unmerklich.
„Na gut, dann werde ich mich bescheiden geben und dem Abenteuer offen entgegenfahren".
Diesmal bleiben meine Lippen geschlossen.

„Aber ich werde euch schon kriegen", denke ich bei mir und weiß nicht, wen ich meine.

42a – 1283 km – Ráckeve/Ungarn

Vier Länder und vier Sprachen

Vier Länder aneinandergereiht, Grenze an Grenze, und jedes Land hat seine eigene Sprache. Ich werde sie alle durchfahren, die Länder, deren Sprachen für mich kaum verständlich sein werden. Doch die Erinnerung, die ich schon oft bemüht habe, sie wird mein treuer Begleiter sein.

In Ungarn habe ich Freunde. Ich grüße Aladar in Dunaujvaros und sicher werden wir uns wieder begegnen.

Ich begrüße jetzt schon Kroatien. Nach über 14 Jahren wird es eine neuerliche Berührung mit diesem schönen Land.

Serbien ist mir bisher unbekannt. Auf diese erste Begegnung freue ich mich besonders.

Und dann freue ich mich auf Rumänien. Es ist das Land, wo meine erste kleine Liebe war.

Meine zurückliegenden, dunklen Gestalten fürchte ich nicht. Was mich verfolgt, habe ich schon abgeschüttelt. Neues will ich finden, Überraschendes erleben und irgendwie glanzvoll soll es werden. Ich wünsche mir einen blauen Himmel, aus dem Sonnenlicht tropft, und ein Kanon guter Worte, die mir immer einen Schritt voraus sind. Frohe Farben um mich herum, nicht grell, eher wohlwollend, leicht gedämpft für die Stille in meinem Herzen.

Ich erahne freie, gute Tage vor mir und Vertrauen, Freude und Glück sollen die nächsten Tage heißen.

Station 43 – 1332 km – Makád bei Dunaújváros/Ungarn

Jetzt seh' ich's auch

Jetzt seh' ich's auch
was viele ahnen:
An deinen Ufern ist
nicht alles Gold was glänzt

Viel Zeit nahmst du dir
Leben zu schenken
Achtung zu fordern
Armut wegzuschwemmen
Würde liegen zu lassen

Viel Zeit hatten wir
von dir zu lernen
deine Fährte aufzunehmen
über die Grenzen

Station 44 – 1354 km – Dunaújváros/Ungarn

Verbotsschild

Scharf in Kontur und Fläche
Eine Krone auf dem Haupt
Insignien der Macht
Eisern und unbestechlich

Weiße Schrift auf blauem Grund
Ich schaue zu dir hoch
Es ist kein Blick auf Augenhöhe
Doch bange machen gilt nicht

Ungebrochener Stolz
Zwei Meter fünfzig hoch
Hier trennen sich unsere Wege
Verbotsschild du traust dich was

Station 45 – 1363 km – Dunavecse bei Dunaújváros/Ungarn

Bin verloren

Bin verloren
Bist verloren
Was muss ich tun um dich wieder zu finden?

Haben uns verloren
Wir sind verloren
Nur im Verlust spüren wir uns noch

Station 46 – 1398 km – Ordas bei Paks/Ungarn

Umgebung

Schau ich mir die Umgebung an, wirkt sie auf den ersten Blick sehr kleinmütig. Die große, versprochene Weite ist das noch nicht.

Vielleicht nur ein Zufallsbild, die Wohnhäuser, Straßen und Beschilderungen, die Automobile, Traktoren, Lastenkähne und das Pferdehindernis, die Müllcontainer, Strommasten, Zäune und Zierbüsche, die Holzbank und eine beeindruckende Anzahl praller Strohballen. Doch alles zeugt von tätiger Menschenhand, wohl organisiert und im Alltag bewährt. Nur selten setzt sich hier eine verwilderte Böschung und dort ein brach liegendes Feld durch. Die Farben eher trist und eintönig, doch gut für das geschädigte Auge eines Städters wie mich.

Doch ich habe viel Zeit und schaue genauer hin.
Hier die vereinzelt liegenden Wohnhäuser mit ihren hellocker angestrichenen Fassaden, ohne besondere Merkmale und eher bescheiden in Größe und Ausdruck. Ich sehe gepflegte Straßen im gewohnten Asphaltgrau und nicht nur von mir bevorzugter als die ockerfarbenen, unbefestigten Schotterwege. Überall weißgelbe Beschilderungen mit schwarzen Buchstaben, eher unauffällig als aufregend. Wenige Automobile internationaler Marken in ihrem einheitssilbergrau durchschneiden wie zufällig das Bild der ruhigen Landschaft. Die vor Kraft strotzenden Traktoren könnten mit ihren roten Achsen auffallen, wenn sie ansonsten nicht grün wie die Wiesen und Wälder wären. Das einsam dastehende Pferdehindernis ist in einem unauffälligen weiß-dunkel-violett gestrichen. Verzinkte Müllcontainer, ganz wie wir sie kennen und in der Farbe ähnlich dem ausgebleichten Aschgrau der maroden, einst grün gestrichenen Holzbank neben mir. Die blaugrün-grau gestrichenen Strommasten, teils angerostet, stechen als einzige Fremdkörper senkrecht in den strahlend blauen Himmel und rhythmisieren das ganze Landschaftsbild. Nicht zu übersehen die eingrenzenden Scherenzäune in warmen Brauntönen, gebündelt in drei streng parallel verlaufenden Linien. Auf die Farbigkeit der bewirtschafteten Wiesen und Felder, der gepflegten kugeligen Zierbüsche und trocknenden Strohballen will ich nicht weiter eingehen, das typische Wiesengrün, Feldergrau und Strohballenocker eben.

Nur die zielstrebigen Lastenkähne fallen aus dem farbmonochromen Bild heraus. Ihre wenig schnittige Form und ihre schäbig rostigen Rümpfe sind nicht der Grund dafür, nein, es ist die frohe Farbigkeit der Flaggen, die ihre Heimat bekunden. Ich entdecke ein betörendes Rot, das jedes Auge sofort verwöhnt. In direkter Nachbarschaft ein leuchtenden Gold, königlich und souverän. Ein strahlendes Himmelblau, blauer als jeder Himmel, in Kombination mit einem Orange, auf das selbst die Orange neidisch wäre. Und dann erst dieses sumpfige, tiefe Grün, den angrenzenden Wiesen weit überlegen und ein alles verschlingendes tiefes Schwarz, vor dem man sich in Acht nehmen muss.

Station 47 – 1461 km – Baja/Ungarn

Aus welchem Land kommst du?

Glaube nicht, was die Väter erzählen.
Alpenland und überpflegte Gärten, jedes Land kennt seine Widersprüche.
Doch deutscher als deutsch darf keiner sein.
Aus welchem Land kommst du?

Die alten Urteile und Vorurteile.
Durch die Jahrhunderte hindurch und den Mut zu irren fast verloren.
Doch *Achtung* darf keine Warnung sein.
Aus welchem Land kommst du?

Die Natur weiß von unseren Grenzen nichts.
Begehrlichkeit kennt nur der Mensch, Versöhnung ist das Tagesziel.
Ein Schritt zurück darf kein Fremdwort sein.
Aus welchem Land kommst du?

Station 48 – 1470 km – Szeremle bei Baja/Ungarn

Achtundzwanzig Zoll

Achtunddreißig Grad im Schatten
Alle Sinne jetzt schon taub
Jeder Ton verdammt zum Summen
Keine Höhen – keine Tiefen mehr

Die Zeit der Umkehr längst vorbei
Auch keine Zeit für kurzes Stehen
Sprachloser Mund da staunst du
Asphaltcowboy jetzt versteh ich dich

Mit achtundzwanzig Zoll nach Osten
Abrollpunkt – zu schnell bist du
Eine Speiche gleicht den vielen
Jetzt weiß ich was ein Drehpunkt ist

Heißer Teer dein Duft betört
Pechschwarze Blume aus Asphalt
Was jetzt noch zählt ist nur noch Rad
Rundes – bleibst du jemals stehen?

Mein Rad geizt mit seinen Ecken
Will schneller immer schneller sein
Renn Rad renn – die Zeit wird knapp
Kein Profil hält dich mehr auf

Kein Gedanke hält mehr Schritt
Nur noch Augenblickberührung
Fast reibungslos dem Fliegen nahe
Jetzt will mein Rad nur Rad noch sein

Achtundzwanzig Grad am Abend
Ein Ende noch nicht abzusehen
Ich wünschte du wärst voller Ecken
Um irgendwann doch still zu stehen

Station 49 – 1480 km – Dunafalva bei Baja/Ungarn

Begegnung

Nach all den vielen Meilen
bin ich so gar nicht überrascht
dich so festlich hier zu sehn
Was mich nicht versöhnlich stimmt!

Heuchlerische Harmonie
übermütig selbstgefällig
ein silbriges Geflimmer
auf dem Sterne gleißend tanzen

Jetzt sehe ich deine ganze Breite
auch deine Tiefe ahne ich
Du gleitende Schmeichlerin
wolltest immer nur Wasser sein

Und ich quäle mich seit Stunden
durch nicht benannte Dörfer
weitab von deinen Ufern
an denen ich mich suchte
aber selten finden konnte

Station 50 – 1494 km – Mohács/Ungarn

Station 51 – 1661 km – Ilok/Kroatien

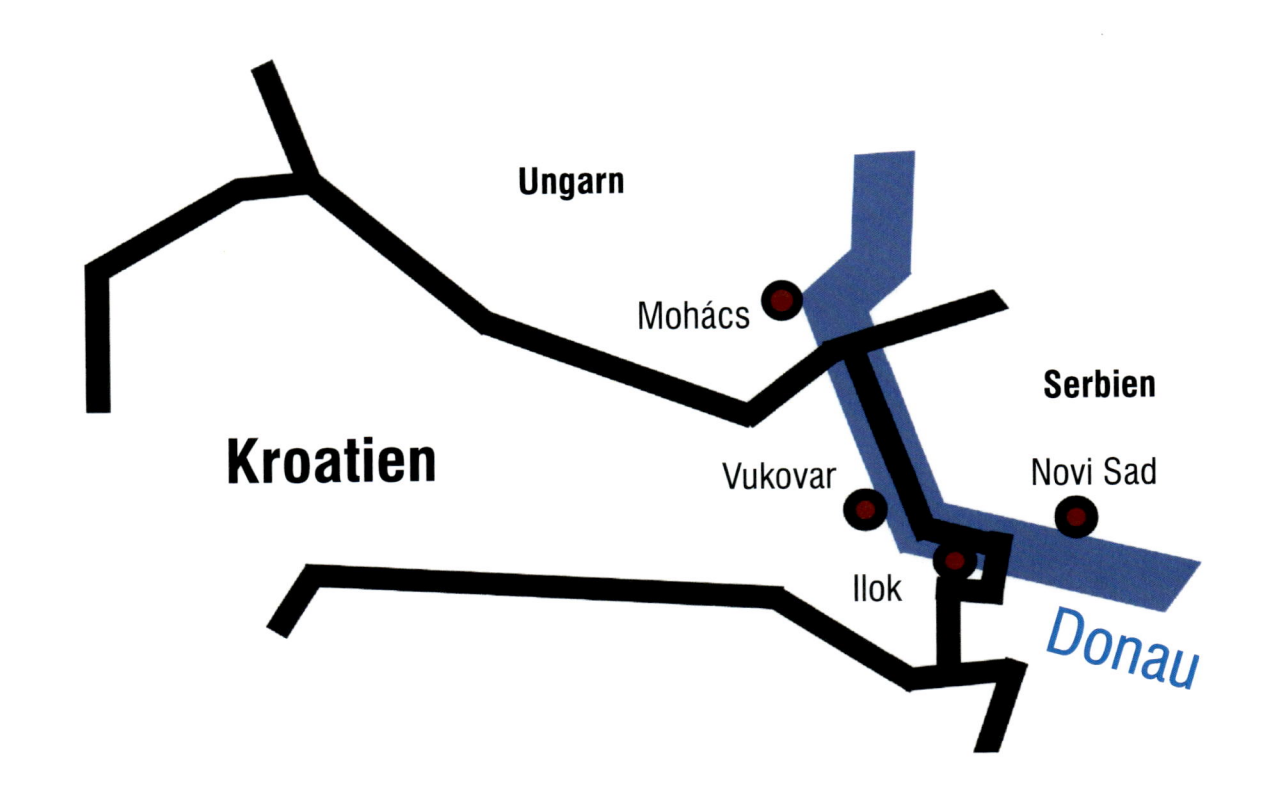

Kroatien

Ungarn

Mohács

Kroatien

Serbien

Vukovar

Novi Sad

Ilok

Donau

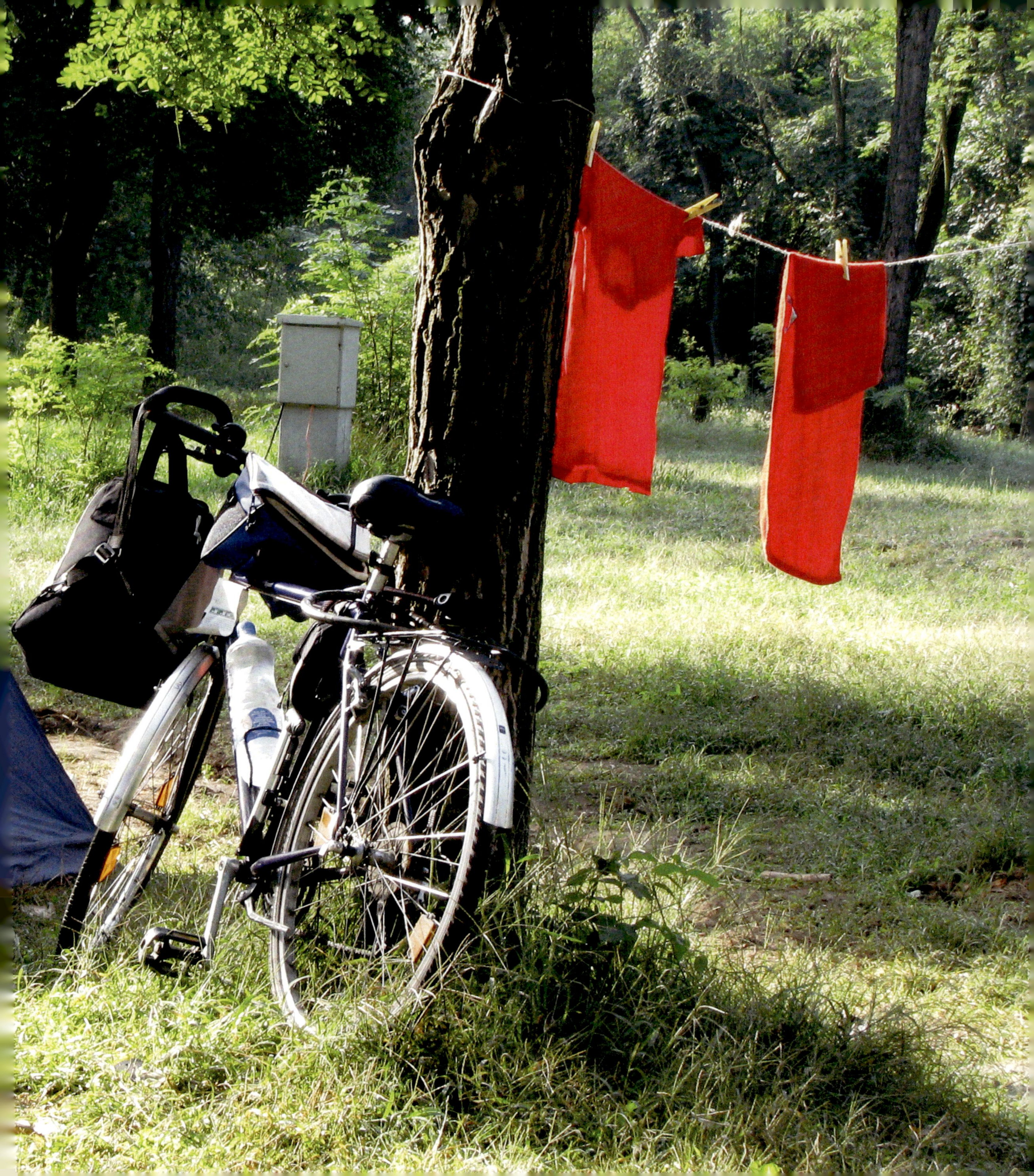

Erinnerung

Viel Zeit ist vergangen, gefühlte 100 Jahre, dass ich dieses Land bereiste. Beziehungen sind seither durchlebt, Erinnerungen sind geblieben.

Ich liebe meine Erinnerungen, wenn sie mich nicht zu häufig finden. Dieses Mal ist meine Erinnerung sehr willkommen. Es ist ein wahres Freudenfest Kroatien wieder zu betreten, dieses wunderschöne Land – in meiner Erinnerung!

Noch eine letzte Wegentscheidung, dann geradeaus, Getreidesilos zur Linken und mit den Gedanken und Erwartungen schon weit voraus. Welche Bilder, 14 Jahre tief in meinem Bewusstsein vergraben, tauchen jetzt wieder auf? Ist das das Kroatien, das ich kenne? Zeigt sich mir die Donau in einem ebenso kristallklaren Smaragdgrün wie damals die kroatische Küste auf Dugi Otok? Begeistert mich das Flair der Donauorte ebenso wie die adriatischen, kroatischen Küstenstädte Split oder Dubrovnik? Ist die durch die Donau geprägte Landschaft überhaupt mit den Küstenregionen an der Adria vergleichbar?
Nein, die Donau ist nicht die Adria. Die weißgekalkten Villen und Herrschaftshäuser nach italienischem Vorbild findet man hier nicht, in diesem etwas trostlosen Grenzgebiet. Die Architektur spielt hier nicht mit dem Sonnenlicht, sie trotzt ihm höchstens. Auch die kühnen Aufstiege auf uralten Pfaden, hinauf, durch schneeweißen Kalkstein mit atemberaubendem Blick auf das adriatische Meer sucht man hier vergebens in dieser ebenen graubraunen Weite.

Und so geht die Fahrt weiter, die gefahrenen Kilometer nehmen zu und die Erwartungen ab. Die Zusammenhänge werden da nicht mehr klar, sind nicht mehr rekonstruierbar. Immer wieder hüpfen und tanzen in meinem Kopf einzelne Begriffe zurückliegender Ereignisse herum. Sie sind zu lebendig, zu frei, zu eigenwillig, führen ein eigenes vitales Leben und ich kann sie nur kurz festhalten. So schwer dieses zeitweilige Chaos im Kopf auch auszuhalten ist, so sind dies doch Momente großer Lebendigkeit. Die Erinnerungen werden dann erst lebendig, wenn der Mensch sie zulässt, ihnen nachgeht, sich in ihnen bewegt, sie zu Wort kommen zu lässt. Wie auch immer, es ist spannend, darüber nachzudenken, warum gerade dies oder jenes ins Bewusstsein drängt.

Ich war froh, dass ich bei den kroatischen Menschen wieder dieses große Selbstbewusstsein in das eigene Schaffen und das entschiedene Zugehörigkeitsbewusstsein zum westeuropäischen Staatenbund gefunden habe wie schon vor 14 Jahren.

Station 51 – 1661 Km – Ilok/Kroatien

Station 52 – 1671 km – Banoštor bei Novi Sad/Serbien
bis
Station 61 – 2058 km – Sip/Serbien

Serbien

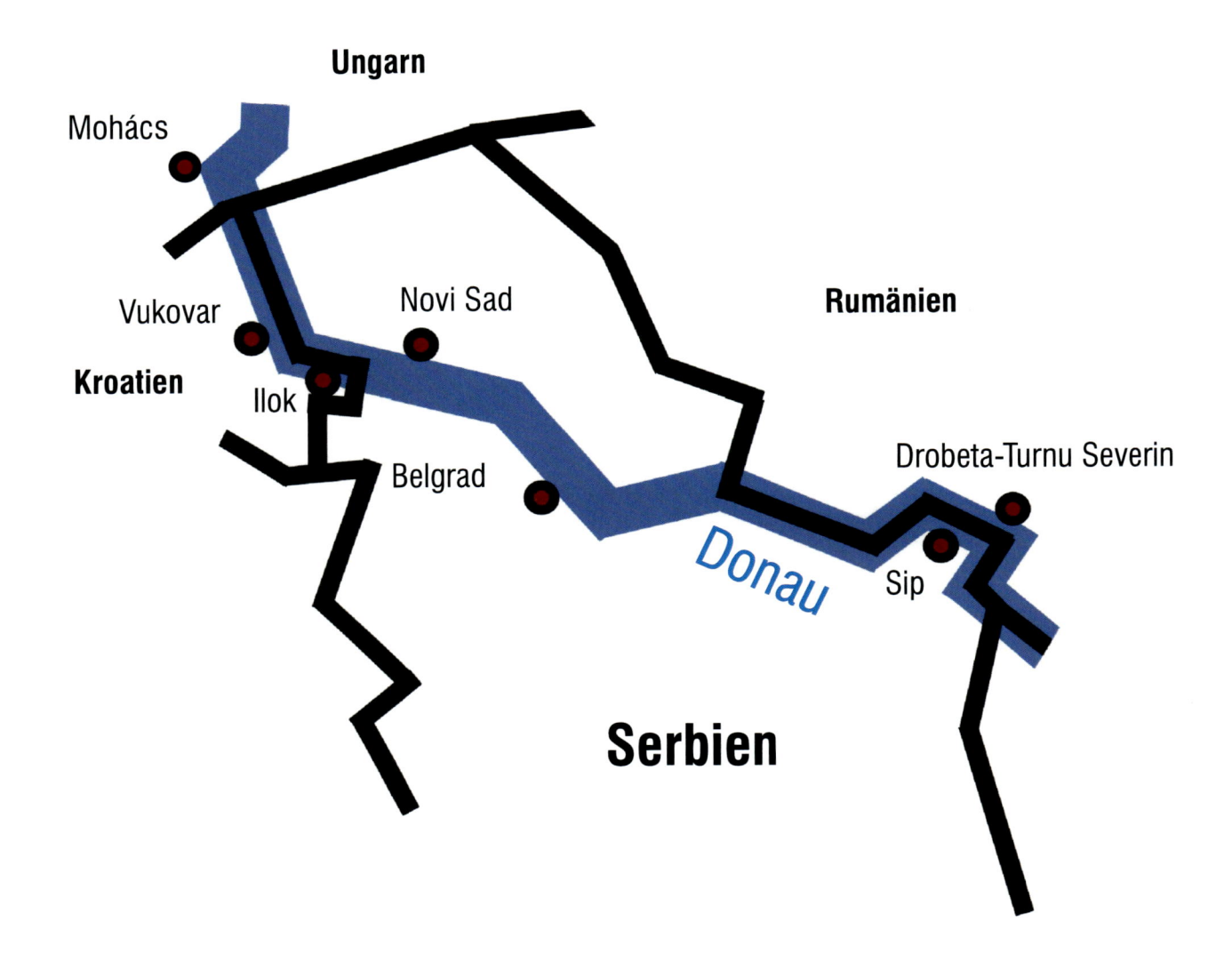

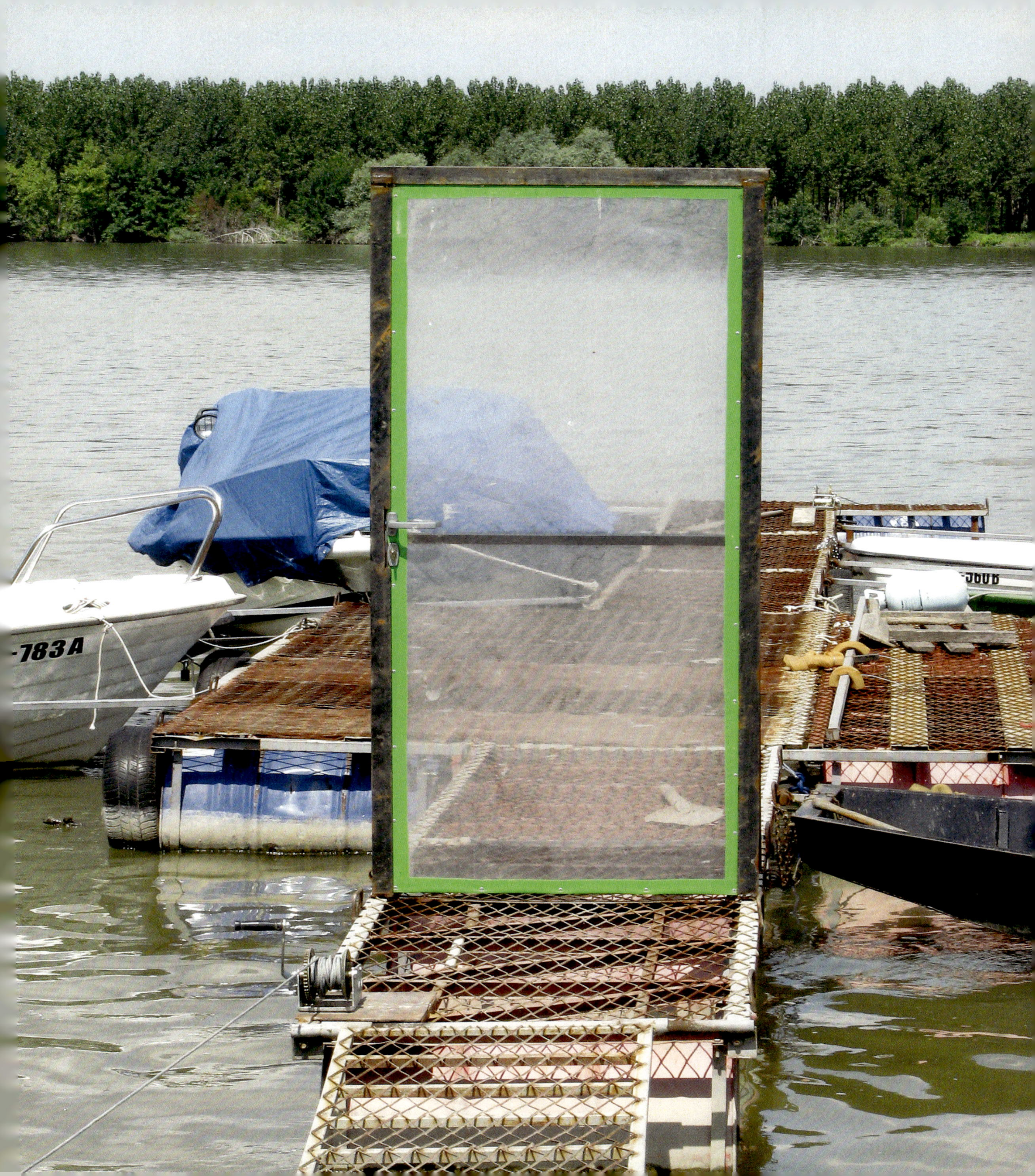
-783A

Grenzübergang

Nach Ilok, noch zwei Kilometer Donau abwärts, befindet sich der Grenzübergang nach Serbien. Werde ich angehalten, befragt, ausgefragt über meinen Aufenthalt in Kroatien oder über meine Reiseabsichten in Serbien? Gar festgenommen oder nur mit einem zeitlich befristeten Visum in Richtung Serbien entlassen? Werde ich verfolgt, beobachtet, bestohlen…
Genug davon! Diese Gedanken zeigen aufs Deutlichste, mit welchen so genannten Vorinformationen, natürlich alle gut gemeint, ich diese Reise angetreten habe. Mir wird klar, welche Feindbilder mich über die letzten 40 Jahre begleitet haben, und ich nehme zur Kenntnis, dass auch meine wunderschönen Reisen durch Kroatien, 14 Jahre zuvor, dazu beigetragen haben, diese Urteile zu festigen.

Auf den letzten zwei Kilometern bis an die serbische Grenze fühle ich mich sehr einsam. Meine Sinne sind bis aufs Äußerste gespannt. Bei gleißenden 44 Grad Celsius auf weichem, nach Teer duftendem Asphalt, auf einer kurvenlosen, ebenen Straße, vorbei an brach liegenden Feldern, ist nichts wirklich wichtig. Links und rechts nur eine endlos scheinende baumlose Landschaft, bei der die abgeknickten, verdorrten Gräser am staubigen Straßenrand das Auffälligste sind. Ich spüre ein leicht mulmiges Gefühl in der Magengegend, skeptisch darüber, was mich wohl erwarten würde.

Plötzlich, völlig überraschend ist sie da, die Grenzstation von Serbien. Fast hätte ich das kleine verstaubte Grenzhäuschen übersehen, mit dem müde und desinteressiert dreinschauenden serbischen Grenzsoldaten. Ich fahre langsam an ihn heran. Unsere Blicke treffen sich. Dann die Erlösung: Wir lächeln beide und mit einer nur angedeuteten Handbewegung signalisieren wir unsere gegenseitige Aufmerksamkeit. Ich atmete tief durch und fahre weiter.
Das war alles?
Ich kann es kaum glauben. Das Land öffnet sich vor mir – für mich. Ich bin glücklich und genieße die Weiterfahrt durch die ersten kleinen serbischen Dörfer, die wie einzelne Perlen den Weg markieren. Nestin, Susak, Banastor klingen wie ein orientalisches Versprechen in meinen Ohren. Erst kurz vor Novi Sad, der geschäftigen und geschichtsträchtigen Provinzhauptstadt, entlässt mich dieser erste Zauber der donaunahen Landschaft.

Nachtrag:
Auf meiner ganzen Reise war dieses kurze, ca. 25 Kilometer lange Teilstück einer der friedlichsten Streckenabschnitte in einer sehr persönlich empfundenen Zufriedenheit.

Station 52 – 1671 km – Banoštor bei Novi Sad/Serbien

Strom

Frisch ist die Erinnerung
wie unrühmlich dein Anfang war
Ohne Spur und ohne Kraft
Gesichtslos nur geduldet
durch die flachen grünen Auen

Du unauffälliger Mäander
gleitest eng durch östlichere Felder
Jeder Stein muss dir ein Hindernis sein
Unendlich weit dein langer Weg
vom Bach zum Fluss stromabwärts

Weichst aus wo bunte Gärten blühen
und schwere Eisentüren schließen
Unbemerkt entlang und zwischendurch
Ein- und ausgesperrt zu gleichen Teilen
auch in diesem Sommer der keiner war

Fünf Sprachen – zweitausend Meilen weiter
bist du doch zum Strom geworden
Jetzt übersieht dich niemand mehr
Jedoch! Vergiss deinen Anfang nicht
denn Bescheidenheit sieht anders aus

Station 53 – 1701 km – Novi Sad/Serbien

Nachtfahrt

Letzte Farbreste von Rasengrün
Asphaltschwarz drängt sich auf
Darüber erste goldne Sterne

Lichterzucken im Nabentackt
Flackernde Unebenheiten
Gehauchte Augenblickschatten

Flächenlos und nur noch Linie
Rollgeräusch wie erlebtes Staunen
Teeriger Grund und Rad sind eins

Alle Sinne längst schon taub
Die letzten Meilen schaff ich noch
Niemand hält mich jetzt noch auf

Station 53a – 1792 km – Beograd/Serbien

Nützt nichts

Eins zu Hunderttausend
Entlang der roten Linie
So oft ich auch frage
Fragen nützt nichts

Sandige Böschung
Bleiernde Zeit
Lässt mich nicht los
Anstrengen nützt nichts

Standhaft im Boden
Abwehrendes Schild
Durchfahrt verweigert
Versuchen nützt nichts

Tückische Tiefen
Gräben und Löcher
Ende einer Fahrt
Ausweichen nützt nichts

Die Hoffnung bleibt
Auf ein Wiedersehen
Meine Sturheit bleibt
Das Ziel zu erreichen

Station 54 – 1918 km – Zatonje bei Ram/Serbien

Danubius

Schicksalsberge ihr seid so fern
entzieht euch meinem Sehnsuchtsblick
der nicht mehr von Dauer ist

Danubius wie still bist du
mein Ohr erreichst du heute nicht
zu laut ist's in meinem Innern

Schattenbäume vernarbter Stamm
hier wirst du zur Metapher
denn zeitlos fühl ich so wie du

Menschenseele gib bloß nicht auf
nenn mich bei meinem Namen
und mein Herz wird wieder leichter sein

Station 55 – 1952 km – Veliko Gradište/Serbien

Nur Zweiter

Hab los
gelassen
aus
gelassen
Hätte mein Ziel sonst nie erreicht

Bin los
gefahren
schnell
gefahren
Doch du warst immer schon da

Bin wenig
gelaufen
wett
gelaufen
Konnte doch nur Zweiter werden

Bin nicht
geflogen
fort
geflogen
Nur mein Herz war immer schneller

Station 56 – 2007 km – Donji Milanovac/Serbien

Ge(h)zeiten

Tobe und breche heran
betäube unsere Ohren
Flute in unsere Köpfe
nimm auch den Sturm mit
Mische uns gewaltig auf
für ein morgiges Leben
Unterspüle das Gestern
mach es ungeschehen

Trage mit dir was du kannst
lass uns nur den Neuanfang
Und morgen sei nicht gnädig
wiederhole dich zum Abend
Bis wir dich nicht mehr brauchen
weil wir uns selbst fluten können

Station 57 – 2012 km – Golubinje bei Donji Milanovac/Serbien

Mäander – Uferander

Mäander
Uferander
nichts bleibt wie es war

Ungebrochener Gehorsam
am unfreien Ufer
zu bleiben
wahllos – mutlos

Mäander
Uferander
nichts bleibt wie es war

Unumstößlicher Entschluss
ungeliebtes Ufer
zu verlassen
taktlos – haltlos

Mäander
Uferander
nichts bleibt wie es war

Mäander
Uferander
nichts bleibt wie es war

Entfesselter Wille
über gestrige Ufer
zu treten
ziellos – grenzenlos

Mäander
Uferander
nichts bleibt wie es war

Unumkehrbare Entscheidung
zu neuen Ufern
zu streben
heimatlos – zeitlos

Mäander
Uferander
nichts bleibt wie es war

Station 58 – 2022 km – Veliki Štrbac bei Donji Milanovac/Serbien

Fluss Europas

Als Mäander verrenkt
Den Fels gesprengt
An anderen getränkt
Richtung Osten gelenkt
Den Kopf gesenkt
Immer tiefer gedrängt
Strafen verhängt
Wasser verschenkt
Mit andern vermengt

Und doch verloren

Station 59 – 2030 km – Donaudurchbruch/Serbien

Du

Du bist nicht mehr jung
Lech Inn Raab und Save
dringen in dich ein
dein Schoß ist Meter tief
dein Becken breitet sich aus
und mächtig schwillst du an

Ewig schmatzend klatscht
Wasser an deine Böschung
saugend das Geräusch
wenn du dich zurückziehst
gurgelnd an den Stellen
außen wo du ausläufst

Du in deinem Wasserlauf
kannst nicht nein sagen
gierig nimmst du
was du kriegen kannst
reißt alles mit dir
Kopf unter – Land unter

Am Tage meist ruhig
in trüber Gelassenheit
in der Nacht jedoch
von funkelnder Schönheit
voller Versprechen
wie eine Nacht in Asien

Die große Verführung
eine uralte Geschichte
Hals über Kopf bedingungslos
aufgelöst in deinen Säften
Kein Grund zum Schweigen
doch Schweigen am Grund

Wenige kennen deine Herkunft
doch viele dein Schicksal
Nur zaghaft hatte ich dich berührt
zu groß war die Gefahr
plötzlich mitgerissen zu werden
Ein Gedanke bleibt mir noch:

Bist Du glücklich?

Station 60 – 2043 km – Tekija bei Sip/Serbien

Mensch mit Mensch

Auf geheimen Befehl
öffnen sich die Schleusen
Das Wasser kommt – lässt
nicht lange auf sich warten

Menschen werden beklagt
Tiere zählt keiner mehr
Unsere Herzen im Leid
vereint und doch allein

Befehle und Appelle
finden nun unser Ohr
Verstand und Vernunft
sind endlich oben auf

Umsichtige Befehle
Hand in Hand – Mensch mit Mensch
Da staune selbst ich was
heute noch möglich ist

Station 61 – 2058 km – Sip/Serbien

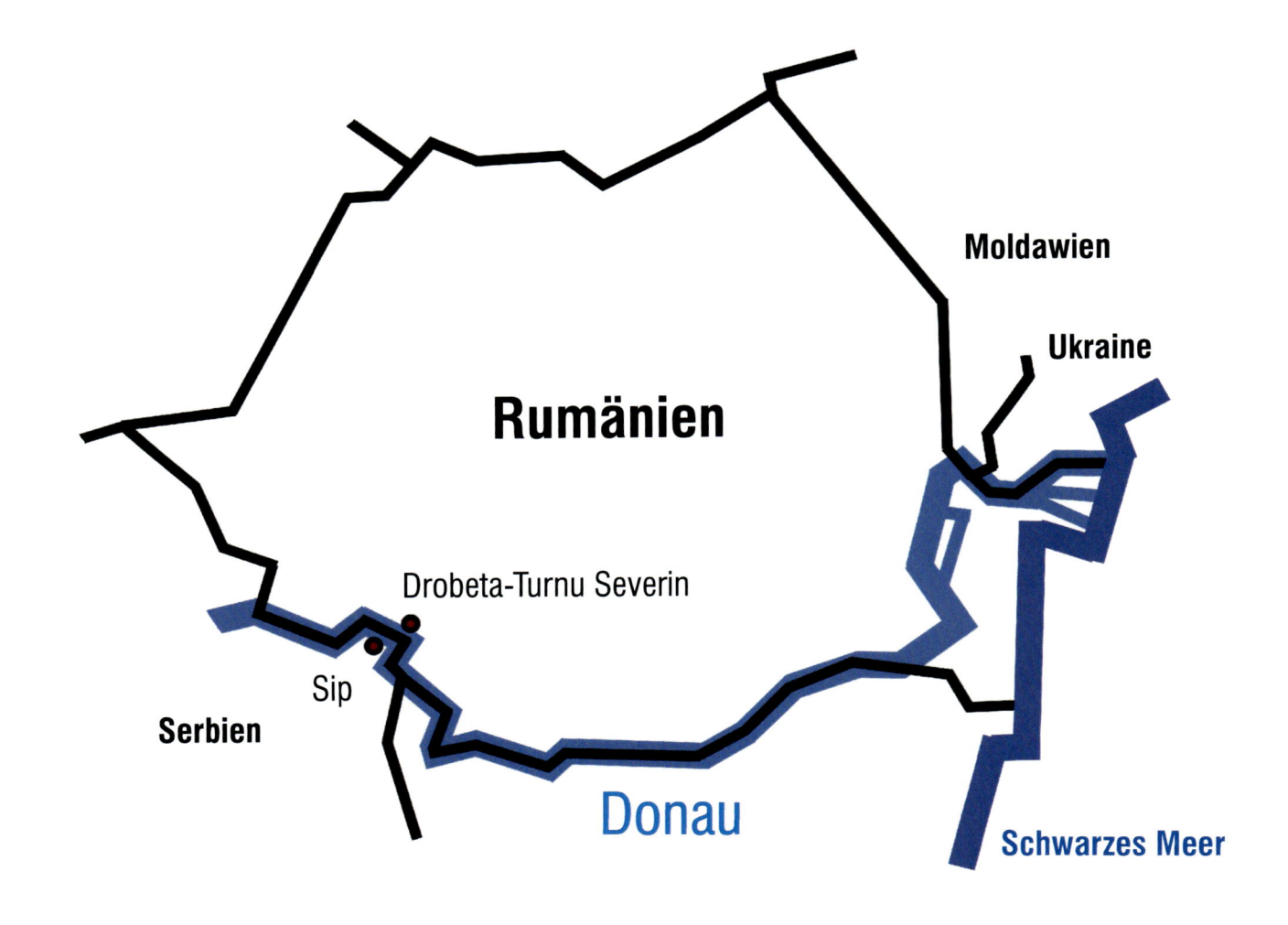

Station 62 – 2071 km – Drobeta-Turnu Severin/Rumänien

Rumänien

Moldawien

Ukraine

Rumänien

Drobeta-Turnu Severin

Sip

Serbien

Donau

Schwarzes Meer

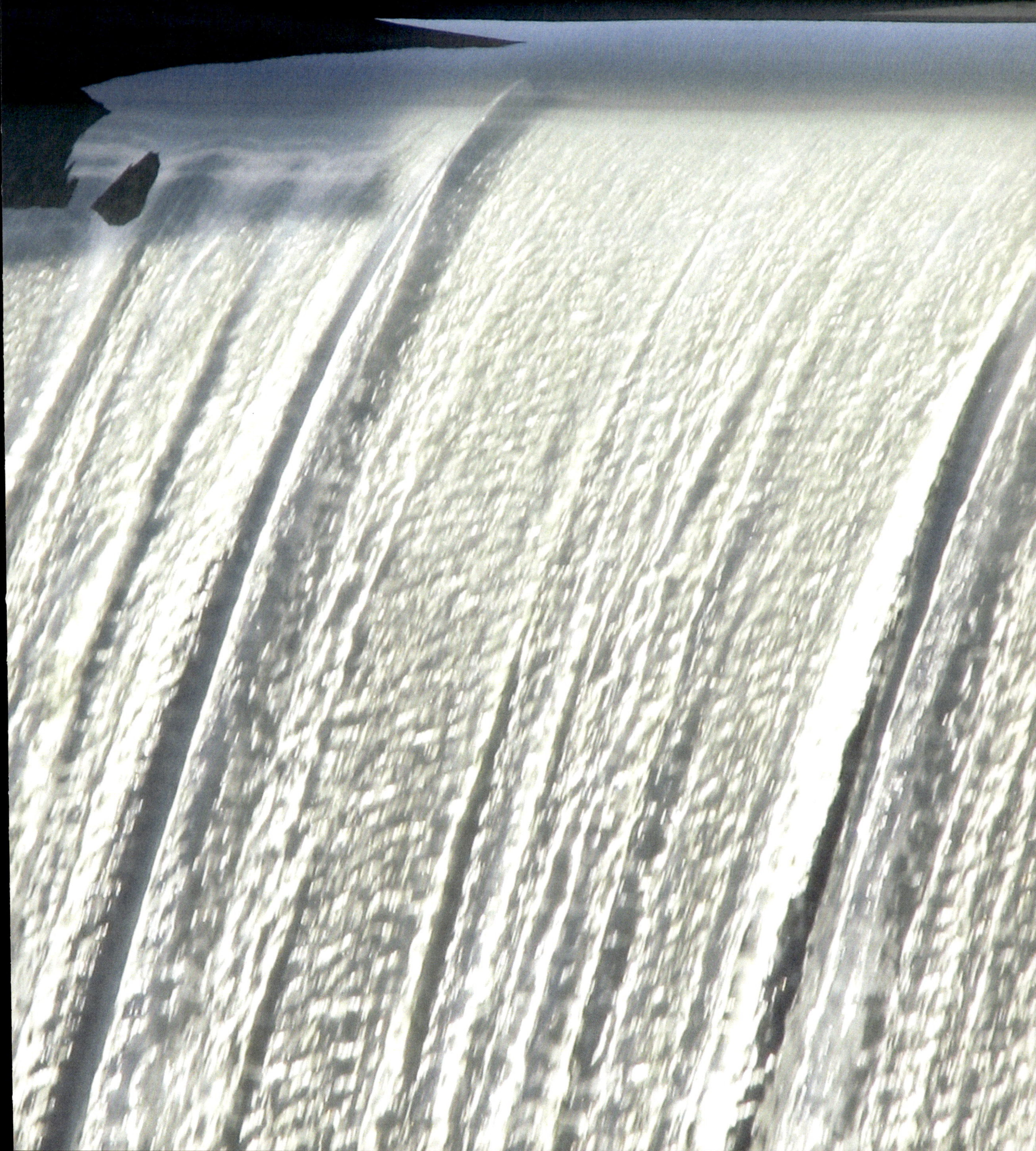

Nur 20 Stunden für dieses Land

Ein riesiges Wasserkraftwerk verstellt mir den Blick ins unbekannte Rumänien. Die Brücke bei Sip am Eisernen Tor, eines der ersten und ältesten Brückenbauwerke, das Serbien und Rumänien auf geradezu kühne Art verbindet. Diese gewaltige Brücke strahlt heute noch eine Unumkehrbarkeit aus wie zu den frühen Zeiten des Kalten Krieges und noch davor.

Soll ich es wagen, auf diesem Weg Serbien, das ich etwas kennen lernen durfte, zu verlassen, um in Rumänien anzukommen. Serbien ist mir nicht wirklich vertraut geworden, dafür war mein Aufenthalt zu kurz. Und jetzt gleich weiter nach Rumänien, in ein Land, das ich vor 40 Jahren schon einmal betreten hatte und von dem ich mich in den vielen Jahren so weit entfernt habe. Wohl auch weit entfernt durch seine Armut und durch die Vorurteile, die nunmehr seit 40 Jahren versuchen, in meinem Kopf ihren Umtrieben nachzugehen. Ceausescu, Sinti, Roma, Korruption und wohl auch die politische Unreife haben ein Bild voller Skepsis und Misstrauen in mir entstehen lassen.

Und jetzt stehe ich da auf dieser haushohen Staumauer, staune und misstraue dem, was ich da gerade sehe – nicht mehr so richtig in Serbien und noch nicht in Rumänien. Der Gedanke der Staatenlosigkeit kommt mir in den Sinn. Was wäre, wenn ich hier bliebe, auf der Grenze zwischen Serbien und Rumänien, einfach keinen Schritt mehr weiter gehen würde?
Wo und was bin ich dann?

Ein Gefühl der Unanfechtbarkeit dringt urplötzlich zu mir vor. Einfach stehen bleiben?
Einfach stehen bleiben! Bewegt habe ich mich in den letzten 10 Tagen genug. Jeden Tag aufs Neue über einsame Asphaltpisten, holprige Schotterwege, durch unbeleuchtete Tunnels ohne Randmarkierungen, um an das Ziel zu kommen, das ich jetzt erreicht haben soll? Mit diesem irritierenden Gedanken der Staatenlosigkeit? Ich versuche im Geiste diesen Begriff in mir wirken zu lassen. Wie fühlt er sich an? Welche Emotionen ruft er in mir hervor?
Diese Situation ist nicht wirklich unangenehm. Ein wenig Trotz ist vielleicht auch dabei und ich fühle mich befriedet mit meinen ganzen Wünschen und Träumen, die mich über die 2000 Kilometer begleitet haben. Noch ein Hauch von Wehmut oben drauf und eine große Portion von Bedenken, ob ich jemals wieder zurück nach Deutschland kommen werde, das ist der Cocktail, der in mir zu einer angespannten Ruhe führt. Hier bleiben, auf dieser staubigen Betonbrücke, die verbindet und schon immer auch trennte. Ein Verweilen auf des Messers Schneide?

Kalt, stur, gewalttätig wirkt diese Brücke auf mich, mit der von Pkws und Lastkraftwagen belagerten Grenze. Die wachsamen, dunkelgrün gekleideten Grenzpolizisten und Grenzpolizistinnen mit ihren geschulterten Maschinenpistolen haben so gar nichts mit meiner momentanen Gefühlslage zu tun. Einzig die messinggelben, glitzernden Knöpfe an den stramm sitzenden Uniformen und die steifen, irgendwie zu groß wirkenden Barette, können mit der skurrilen Situation mithalten.

Diese Situation des Abwartens, des Überlegens, wird jedoch jäh unterbrochen. Denn Unangreifbarkeit kann man an diesem Ort nicht erwarten, das wird mir plötzlich klar. Es muss ein kurzweiliges Gefühl, eine Träumerei bleiben, immer bereit, der Realität Platz zu machen.

Barsch, gestenreich, lautstark und unversöhnlich werde ich aufgefordert, das Brückenbauwerk, ganz gleich in welche Richtung, augenblicklich zu verlassen. Und unmissverständlich, ebenso gestenreich und entschlossen wird mir klargemacht, dass jegliches Fotografieren in dieser Zone absolut verboten ist. Wilde Bilder aus Ceausescus Gefängnissen rasen an meinem inneren Auge vorbei.
Was darf ich nicht fotografieren? Ich überlege, sehe mich um. Den asphaltgrauen Brückenbelag, das vor Korrosion geschützte und doch rostige Brückengeländer, die wartenden Fahrzeugkolonnen, die mächtigen, senkrecht in den dunkelblauen Himmel stechenden Hochspannungsmasten, die Bewaffnung, ich vermute „made in Rusia", oder die stählernen Hydraulikpumpen, wahrscheinlich „made in Germany", oder gar die strahlend polierten Messingknöpfe der Uniformen?

Ich weiß es heute noch nicht. Die Grenze, Eisernes Tor genannt, macht ihrem Namen alle Ehre. Viel Zeit bleibt mir nicht unter den strengen Augen des Militärs, und brav und eingeschüchtert, wie ich bin, ziehe ich schnell weiter. Mein Weg führt mich über die Brücke, vorbei an den wartenden Autos, direkt zur bewachten Grenzstation, um Rumänien nach 40 Jahren wieder zu betreten.

folgende Doppelseite: Station 62 – 2071 km – bei Drobeta-Turnu Severin/Rumänien

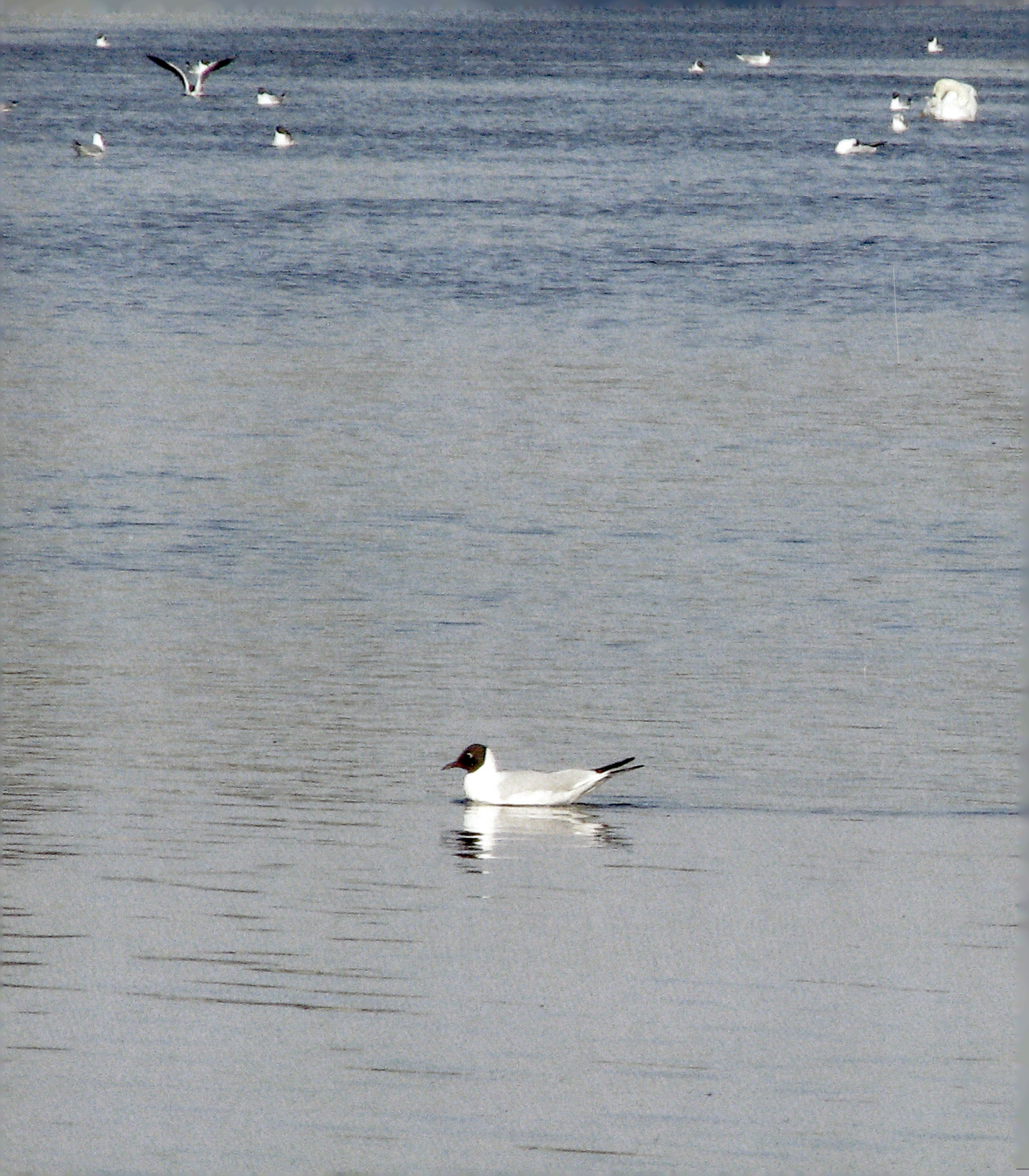

Geschafft!

Ich habe es geschafft!

Meine quälende Sorge, mein treues Fahrrad hier in Rumänien zurück lassen zu müssen, ist unbegründet. Nachdem ich einer reizenden, äußerst adretten Zollbeamtin meine Reiseabsichten innerhalb Rumäniens in sehr lebendiger Form dargestellt habe, bekomme ich mit freundlicher Geste und viel Sympathie die Erlaubnis, dieses so schöne und für uns Deutsche so fern erscheinende Land zu betreten.
Mein erster Weg führt zum Bahnhof von Drobeta-Turnu Severin, um einen Fahrschein für eine Rückfahrt mit halbwegs akzeptablen Reisezeiten nach Süddeutschland zu kaufen.
Dies ist mir nicht gelungen und dementsprechend ist meine Aufregung zunächst groß.
Doch ich habe Glück, denn ein junger, englisch sprechender rumänischer Student wird Zeuge meiner ersten Verzweiflung am Fahrkartenschalter und führt mich zielorientiert stadteinwärts zu einer internationalen Buslinie (ATLASSIB). Diese sehr professionell organisierte Buslinie fährt jeden zweiten Tag die Route Timisoara-Budapest-Wien-München-Ulm und, soweit ich mich erinnere, weiter nach Paris. Der Bus hat einen Anhänger, in dem ich mein Fahrrad transportieren kann, und nach 25 Stunden beengter Fahrt habe ich mein letztes Reiseziel wieder erreicht:
Ich bin morgens gegen 10 Uhr zurück in Ulm.

Im Dialog

Die Donau und ich hatten über 2000 Kilometer dasselbe Reiseziel und jeder neue Tag war durch die Wiederbegegnung geprägt.
Oft stellte ich mir die Frage, ob ich die Donau oder die Donau mich begleitete? Ich empfand es als ein Wechselspiel. In den Vormittagstunden, wenn mein Körper erholt die Weiterreise wieder aufnahm, hatte ich das Gefühl, dass die Donau mich begleitete, mir folgte. Zum Abend hin war sie es, die mich mit sich zog, der nahen Herberge entgegen.

Nicht nur bei der Donauversickerung in der Nähe von Tuttlingen, wo ich das Bett des bis dahin sehr bescheidenes Flüsschens trockenen Fußes überqueren konnte, hatten wir uns für Stunden aus den Augen verloren. Nein, es gab Tage, da waren wir bis zum frühen Abend getrennt, hatten keinen Sichtkontakt, bis der ausgewiesene Radweg uns wieder zusammenbrachte. Aber immer hatte ich das Gefühl, dass wir voneinander wussten. Beide kannten wir unser Ziel und beide kannten wir unsere Hoffnungen und Aufgaben:
Meine Hoffnung war, dass mein Weg entlang der Donau mich auch persönlich weiter bringen sollte als nur bis ans Eiserne Tor. Als selbst gestellte Aufgabe wollte ich meinen Weg so konsequent und verantwortlich wie möglich gehen – Entschuldigung – radeln.
Und die Donau? Ich glaube, ihren Aufgaben, Wasser zu schenken und Menschen in ihren Booten einander näher zu bringen, ging sie in all den Tagen unseres gemeinsamen Weges bravourös nach. Jeden Tag war sie gnädig, jeden Tag diente sie und beschwerte sich nie – zumindest nicht bei mir.

Ich vermute, dass sie mit ruhigem Wasser planmäßig im Schwarzen Meer angekommen ist.

Ausklang

Die Donau ist ein europäisches Wunder: Der einzige Strom, der von West nach Ost fließt und auf seinem annähernd 2900 Kilometer langen Lauf den Schwarzwald mit dem Schwarzen Meer verbindet. Und die Donau ist im gleichen Zuge Symbol für europäische Geschichte und Politik.

Seit der weltpolitischen Wende von 1989/90 durchfließt die Donau zehn europäische Staaten. 115 Millionen Menschen leben allein in den Regionen und Städten, die unmittelbar an der Donau liegen, mit einem in Europa einmaligen kulturellen Reichtum und einer Jahrtausende währenden gemeinsamen Geschichte, häufig geprägt von Krieg, Migration, Nationalismus und Genozid bis in die jüngere Vergangenheit.
Das Aufeinandertreffen verschiedenster Einflüsse, von der Habsburger Monarchie mit seiner katholisch abendländischen Ausprägung über die byzantinische Orthodoxie bis hin zum osmanischen Reich, hat entlang des Stroms eine Perlenkette von Städten, Kulturlandschaften und Denkmälern entstehen lassen. Mit Wien, Bratislava, Budapest und Belgrad liegen allein vier europäische Hauptstädte und Kulturmetropolen an der Donau. Kathedralen, Kirchen, Klöster, Schlösser, Burgen und Festungen prägen den Lauf des Stroms. Und dazu durchfließt er Naturlandschaften von einzigartiger Schönheit und Vielfalt: vom idyllischen Oberlauf über die Wachau, durch die Weite der ungarischen Tiefebene, die grandiose Schroffheit des Eisernen Tores, bis hin zum Naturparadies Donaudelta, wo sich die Donau in der unendlichen Weite des Schwarzen Meeres verliert.
Heute verbinden wir mit der Donau Hoffnungen und Visionen. War der Rhein der Fluss der europäischen Vereinigung, so ist die Donau der Strom der europäischen Erweiterung und Zukunft. Deshalb wurde in den letzten Jahren eine „EU-Strategie für den Donauraum" auf den Weg gebracht. Sie soll den Menschen entlang der Donau dauerhaft Frieden, Demokratie, eine saubere Umwelt, Wohlstand, Bildung und soziale Gerechtigkeit bringen und den Donauraum zur europäischen Modellregion machen. Wir hier in Ulm und Neu-Ulm sind vom Beginn an diesem Prozess beteiligt.

Dietmar Herzog hat auf seiner Donaureise mit seinen Fotografien und Texten Eindrücke und Momente eingefangen, die beeindrucken und den Geist des großen Stromes atmen.

Peter Langer
Generalkoordinator des Rats der Donaustädte und -regionen
Direktor der Europäischen Donau-Akademie

letzte Impression: Mensch und Donau